Nicole Hübl | Silke Winkler

Ernährung im Säuglings- und Kindesalter
Entwicklung und Auffälligkeiten

Ein Ratgeber für Eltern, Angehörige, Therapeuten, Pädagogen und Pflegepersonal

RATGEBER

für Angehörige, Betroffene und Fachleute

herausgegeben von
Dr. Claudia Iven

Nicole Hübl | Silke Winkler

Ernährung im Säuglings- und Kindesalter Entwicklung und Auffälligkeiten

Ein Ratgeber für Eltern, Angehörige, Therapeuten, Pädagogen und Pflegepersonal

Das Gesundheitsforum

Bibliografische Information der Deutschen Nationalbibliothek

Die Deutsche Nationalbibliothek verzeichnet diese Publikation in der Deutschen Nationalbibliografie; detaillierte bibliografische Daten sind im Internet über http://dnb.d-nb.de abrufbar.

Besuchen Sie uns im Internet: www.schulz-kirchner.de

1. Auflage 2013
ISBN 978-3-8248-0993-6

Mollweg 2, D-65510 Idstein
Vertretungsberechtigter Geschäftsführer: Dr. Ullrich Schulz-Kirchner
Titelfoto: © leno2010 - Fotolia.com
Fachlektorat: Dr. Claudia Iven
Lektorat: Doris Zimmermann
Umschlagentwurf und Layout: Petra Jeck
Druck und Bindung:
TZ-Verlag & Print GmbH, Bruchwiesenweg 19, 64380 Roßdorf
Printed in Germany

Auch als E-Book und App (z.B. für iPhone und iPad) erhältlich unter der ISBN 978-3-8248-0929-5

Inhaltsverzeichnis

Vorwort zur Reihe **7**
Vorwort der Autorinnen **9**

Einleitung **11**
Die drei Phasen der oralen Ernährung 12

Die physiologischen Voraussetzungen **13**
Anatomische Strukturen 13
Der Nasenraum (Epipharynx) 13
Der Mundraum (Mesopharynx) 13
Der Rachenraum (Hypopharynx) 14
Der obere Rachenraum 14
Der mittlere Rachenraum 14
Der untere Rachenraum 15
Der Kehlkopf 15
Orale Reflexe 15
Die kindlichen Schluckphasen 16
Die präorale Phase 16
Die orale Vorbereitungsphase 16
Die orale Transportphase 17
Die pharyngeale Phase 17
Die ösophageale Phase 17

Die Saug-, Kau- und Schluckentwicklung im Säuglings- und Kindesalter **18**
Das Saugverhalten 18
Übergang zur Breikost – das Essen vom Löffel 19
Übergang zu fester Kost – das Kauen 20
Trinken aus dem Becher 21

Abweichungen von der physiologischen Saug-, Schluck- und Kauentwicklung **23**
Schluckstörung bei Kindern – was ist das? 23
Wann stelle ich mein Kind beim Kinderarzt vor – Warnzeichen und Hinweise auf eine kindliche Dysphagie 24
Das Saugen aus der Flasche/an der Brust 25

Auffälligkeiten in der Koordination von Saugen, Schlucken und Atmen 25
Flasche und/oder Brust 32
Auffälligkeiten im Trink-/Saugmuster 32
Auffälligkeiten in der Ausdauer beim Trinken 35
Gastroenterologische Probleme 36
Übergang zur Breikost – das Essen vom Löffel 38
Lutschen am Löffel 39
Würgen, Spucken und Erbrechen beim Essen mit dem Löffel und bei Breikost 39
Oft gestellte Fragen zum Essen 45
Husten, Verschlucken und Probleme beim Transport der Nahrung 46
Übergang zu fester Kost – das Kauen 47
Würgen, Erbrechen und Nahrungsverweigerung 48
„Bunkern" von fester Nahrung 49
Husten, Verschlucken, Probleme beim Nahrungstransport und Nahrungsverlust 50

Professionelle Hilfe **52**
Klinische Diagnostik 52
Apparative Verfahren 52
Klinische Befunderhebung 53
Therapeutische Konzepte 55
Orofaziale Regulationstherapie nach Castillo Morales® 55
Mund- und Esstherapie bei Kindern nach Morris und Klein 56
Therapie von Kau-, Trink- und Schluckstörungen im Säuglings- und Kindesalter nach Pörnbacher 58
Das Essen nach Müller 58
Basale Stimulation 59
Mein Kind gedeiht nicht, was nun? Problematik der Sondierung 60
Formen der Sondierung bei Säuglingen und Kindern 60
Tipps zum Abschluss 61

Tipps und Adressen **62**
Literatur 62
Internetadressen 63
Therapeuten-Verbände, die Spezialisten vermitteln können 63
Hilfsmittel 64

Vorwort zur Reihe

Die „Ratgeber für Angehörige, Betroffene und Fachleute" vermitteln kurz und prägnant grundlegende Kenntnisse (auf wissenschaftlicher Basis) und Hilfestellungen zu ausgewählten Themen aus den Bereichen Sprachtherapie, Ergotherapie und Medizin. Die Autor(inn)en der Reihe sind ausgewiesene Fachleute, die seit vielen Jahren in der Therapie, in der Beratung und in der Aus- und Weiterbildung tätig sind.

Störungen der Nahrungsaufnahme bei Säuglingen und Kleinkindern gibt es häufiger, als man annimmt. Sie kommen sowohl bei frühgeborenen Kindern oder Kindern, die mit Behinderungen oder Entwicklungsbeeinträchtigungen zur Welt kommen, vor wie auch bei Kindern, die sich ansonsten scheinbar normal entwickeln. Diese Ernährungsprobleme können zu ernsthaften Gedeihstörungen führen, weswegen frühzeitig und kompetent gehandelt werden muss.

Der vorliegende Ratgeber schildert, wie die normale Nahrungsaufnahme funktioniert und wie sie sich beim Kind entwickelt, und zeigt bei allen Entwicklungsschritten auf, woran man Ernährungsprobleme des Kindes möglichst früh erkennen kann. Er macht deutlich, wann professionelle ärztliche Beratung und Unterstützung nötig sind und wie man das Kind im Alltag unterstützen kann. Praxisnahe Informationen zur Diagnostik von Fütterstörungen und zur Mund-, Ess- und Schlucktherapie bei Kindern geben einen guten Überblick über die nötigen Schritte. Hinweise zur eventuell nötigen Sondenernährung und zur Umstellung auf wieder normale Kost ergänzen diese Informationen ebenso wie Tipps zum Weiterlesen, für Internetquellen und zur Therapeutensuche.

Die Autorinnen arbeiten seit vielen Jahren mit Kindern mit Ernährungsstörungen und wissen deshalb sehr gut, welche Beratungsbedürfnisse die betroffenen Eltern und die Angehörigen des Betreuungsteams haben. Mit ihrer umfangreichen Praxiserfahrung gelingt es ihnen, Unsicherheiten zu nehmen und Wege der Unterstützung aufzuzeigen. Wir hoffen, damit möglichst vielen Eltern, Therapeuten und Pädagogen helfen zu können.

Dr. Claudia Iven
(Herausgeberin)

Um die Lesbarkeit und den Textfluss zu erleichtern, wird in diesem Ratgeber hauptsächlich die weibliche Form verwendet. Gemeint sind aber immer Personen beiderlei Geschlechts.

Vorwort der Autorinnen

Ernährung im Säuglings- und Kindesalter Entwicklung und Auffälligkeiten

Die Geburt eines Kindes ist für Eltern und Familien ein ersehntes und freudiges Ereignis. Steht während der Schwangerschaft häufig noch die Sorge der Eltern im Vordergrund, dass ihr Wunschkind gesund geboren wird, spielt nach der Geburt die Ernährung des Säuglings eine vorrangige Rolle.
Umso belastender ist es dann für die Familie und Partnerschaft, wenn sich Probleme bei der Nahrungsaufnahme herausstellen oder das Kind mit einer Behinderung geboren wird, die eine unproblematische orale Ernährung nicht oder nur eingeschränkt ermöglicht.

Dabei sind laut Bundeszentrale für gesundheitliche Aufklärung (BZGA, 2011) ca. 15 bis 20% aller Kinder in Deutschland von einer leichten bis mittelgradigen Fütterstörung betroffen. Bundesweit leiden 3 bis 7% der Kinder unter einer schweren Fütterstörung (vgl. Geißler & Winkler, 2010, 104). Infolgedessen kommt es bei 3 bis 4% der Kinder zu einer Gedeihstörung, das heißt, die Kinder nehmen nur unzureichend zu oder verlieren sogar an Gewicht. Fasst man das geschätzte Vorkommen von Fütterstörungen und Störungen der Nahrungsaufnahme in einer pädiatrischen Gruppe zusammen, so ergeben sich Zahlen im Bereich von 25-45% bei Kindern mit typischem Entwicklungsverlauf und 33-80% bei Kindern mit Entwicklungsverzögerungen (Linscheid & Burklow in Lefton-Greif & Arvedson, 2007).

Allein diese Zahlen zeigen, wie notwendig die professionelle Beratung der betroffenen Eltern, Angehörigen, Betreuer und interdisziplinär agierenden Fachleute ist. Aus diesem Grund möchten wir mit dem Ratgeber einen Überblick über die orofaziale Entwicklung der Säuglinge und Kinder geben. Dabei steht die Fragestellung: „Wie entwickelt sich mein Kind?" im Mittelpunkt.

Der Überblick über die Besonderheiten der frühkindlichen Saug-, Schluck- und Kauentwicklung der Kinder wird ergänzt mit Ausführungen zu Abweichungen von der physiologischen Saug-, Schluck- und Kauentwicklung. In diesem Fall erleben die Kinder die Nahrungsaufnahme nicht mehr als lustvoll, sondern machen häufig negativ besetzte Erfahrungen im Gesichts- und Mundbereich, begleitet von Würgen, Erbrechen bis hin zur Nahrungsverweigerung. Um das Überleben des Kindes zu sichern, folgt dann häufig die Ernährung über nasogastrische (über die Nase in den Magen führende) Sonden, die das orofaziale Gleichgewicht oft noch mehr ins Schwanken bringen.

Den Schwerpunkt des Ratgebers sollen deshalb Tipps und Hinweise bilden, wie betroffene Eltern ihren Kindern helfen können. Elternanleitung und Beratung der betreuenden Personen auf dem Stand neuester wissenschaftlicher Erkenntnisse sind dabei unser Hauptanliegen.

Einleitung

Die Saug-, Schluck- und Kauentwicklung von Kindern beginnt mit der Geburt und ist bei gesunden und normal entwickelten Kindern im Alter von zwei bis drei Jahren abgeschlossen. Die Kinder durchleben dabei verschiedene Phasen der oralen Ernährung: vom Saugen an der Brust bzw. aus der Flasche, über das Essen vom Löffel bis hin zum Kauen fester Speisen. Ihre Fähigkeiten stehen in engem Zusammenhang mit ihrer gesamtkörperlichen und sensorischen Entwicklung.

Auf den folgenden Seiten nehmen wir Sie als Eltern mit auf die spannende Reise der Essentwicklung Ihrer Kinder. Zunächst gehen wir auf die anatomischen Besonderheiten des Schluckens ein. Danach stellen wir die normale Essentwicklung der Kinder dar, d.h., wir zeigen, welche Fähigkeiten Kinder in welchem Alter haben. Im Anschluss daran beschreiben wir mögliche Auffälligkeiten in der Ess- und Trinkentwicklung und wie Sie damit zu Hause umgehen können, bzw. wann Sie eine professionelle Hilfe in Anspruch nehmen sollten.

Mögliche Therapieangebote werden im letzten Kapitel vorgestellt.

Die drei Phasen der oralen Ernährung

Abb. 1:
1. Phase – Saugen an der Brust/Flasche

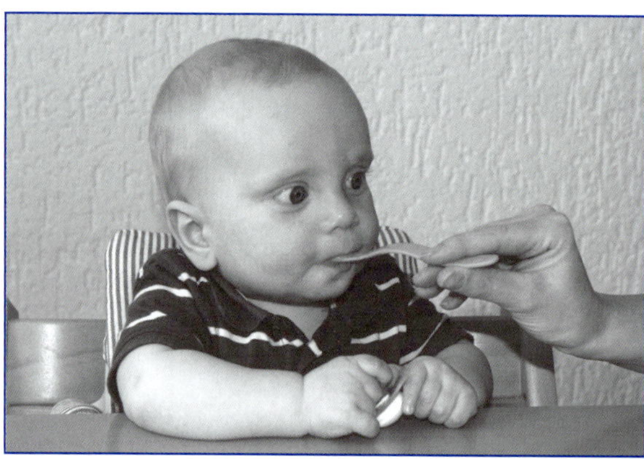

Abb. 2:
2. Phase – Breikost mit dem Löffel

Abb. 3:
3. Phase – Kauen fester Speisen

Die physiologischen Voraussetzungen

Anatomische Strukturen

Der kindliche Aufbau der am Schlucken beteiligten Strukturen unterscheidet sich in einigen Punkten von denen der Erwachsenen. Im Laufe der kindlichen Entwicklung verändern sich die am Schluckvorgang beteiligten anatomischen Strukturen in ihrer Größe und auch in ihrer Anordnung.

Der Nasenraum

Die Nase an sich ist nicht unmittelbar am Schluckvorgang beteiligt. Sie erfüllt ein Leben lang eine wichtige Funktion für Atmung, Reinigung, Erwärmung und Anfeuchtung der Atemluft. Sie dient dem Riechen und spielt auch bei der Sprachproduktion als zusätzlicher Resonanzraum eine wichtige Rolle. Die Atmungsfunktion ist besonders für Säuglinge und Kleinkinder (bis zu 6 Monaten) wichtig, da die Nasenatmung die bevorzugte Atmungsart darstellt. Die Mundatmung ist für ein Neugeborenes eher unangenehm, da die Zunge den größten Teil des Mundraums einnimmt und somit die Luftzufuhr erschwert. Die Nase hat ebenfalls eine Reflexfunktion, da sie mit Nies-, Tränen- und Hustenreflex sowie einem Atemreflex (reflektorischer Atemstillstand bei Eindringen von Fremdkörpern) äußeren Negativreizen begegnet (vgl. Boenninghaus & Lenarz, 2001, 215).
Ihre Bedeutung bei der Nahrungsaufnahme sollte jedoch nicht unterschätzt werden, da bereits das Riechen einer Mahlzeit die Speichelproduktion auslöst. Die Schwelle zur Schlucktriggerung wird gesenkt.

Der Mundraum

Im Mund wird die Nahrung verarbeitet und für ihren weiteren Weg vorbereitet. Um die Entwicklung und die Veränderungen der Mundhöhle zu verstehen, wird im folgenden Abschnitt die Mundhöhle eines Kleinkindes mit der eines älteren Kindes verglichen und die Veränderungen werden beschrieben.

Die Mundhöhle des Neugeborenen unterscheidet sich im Wesentlichen durch ihre Größenunterschiede von der älterer Kinder. Die Strukturen sind kleiner und einander angenähert. Im Säuglingsalter nimmt das Zungenvolumen beinahe den gesamten Mundraum ein. Der Zungenkörper liegt mehr nach vorn gelagert als beim älteren Kind. Die Zunge berührt zugleich den Mundboden sowie den Gaumen. An den Seiten berührt sie die Zahnleisten und meist auch die mit Saugpolstern ausgestatteten Wangen, was seitliche Zungenbewegungen verhindert. Der weiche Gaumen, die Zunge und der Kehldeckel stehen enger beieinander. Der Unterkiefer ist kleiner und etwas zurückgezogen. Dies dient dem Schutz des Säuglings, da dessen Koordination von Saugen, Schlucken und Atmen noch nicht sicher ausgebildet ist. Der Kehlkopf und das Zungenbein liegen höher als beim älteren Kind.

Der Rachenraum

Der Rachen besteht aus dem oberen, dem mittleren und dem unteren Rachenraum.

Der obere Rachenraum (Epipharynx)

Der obere Rachenraum ist kein Bestandteil des Speisewegs. Bei Kindern befindet sich am Rachendach und der hinteren oberen Rachenwand die Rachenmandel. Nach vorne ist der obere Rachenraum zur Nase hin geöffnet. Nach hinten wird der Nasenraum durch Anhebung des Gaumensegels gegenüber dem mittleren Rachenraum abgedichtet; damit wird auch das Eindringen von Nahrung in die Nase verhindert.

Der mittlere Rachenraum (Mesopharynx)

Beim älteren Kind hat sich dieser Raum durch die Verlängerung des Rachens erst gebildet. Nun ist er nach oben durch den harten und weichen Gaumen begrenzt und reicht bis zum Zungengrund. Nach hinten und unten besteht die Abgrenzung durch den Zungenrücken sowie durch die Muskeln des mittleren und unteren Schlundschnürers. Der mittlere Rachen öffnet sich zur Mundhöhle hin, zwischen den Gaumenbögen liegt die Gaumenmandel.

Der untere Rachenraum (Hypopharynx)

Beim älteren Kind wird der untere Rachenraum in Höhe des Eingangs zur Speiseröhre begrenzt und endet am Unterrand des M. cricopharyngeus, einem Muskel der Rachenmuskulatur. Bei einem Kleinkind sind die Begrenzungen ähnlich gelagert, nur werden die anatomischen Strukturen erst im Laufe der Entwicklung abgesenkt.

Der Kehlkopf

Das Kehlkopfskelett besteht aus dem Schildknorpel, dem Ringknorpel, den Stellknorpeln, dem Kehldeckel und einigen unbedeutenden kleineren Knorpeln. Der Ringknorpel ist mit dem Schildknorpel und den Aryknorpeln gelenkig verbunden. Beim Neugeborenen befindet sich der Kehlkopf auf der Höhe des 3. bis 4. Halswirbelkörpers (beim Erwachsenen in Höhe des 7. bis 8. Halswirbelkörpers). Die Stimmlippen sind noch sehr kurz, der Kehldeckel dagegen länger und schmaler. Weicher Gaumen, Zunge und Kehldeckel stehen beim Säugling enger zusammen.

Orale Reflexe

Die Entwicklung eines physiologischen Schluckaktes sowie die Hinführung zur festen Nahrungsaufnahme bilden einen komplexen Abschnitt im Leben des Kleinkindes. Die Reifung hin zur eigenständigen Nahrungsaufnahme beginnt mit der Geburt und zieht sich durch die ersten Kindheitsjahre. Die gewaltigen Fortschritte in der sensomotorischen Integration des Schluckens und Atmens, der Hand-Auge-Koordination, der normalen Haltungs- und Tonusentwicklung und der angemessenen psychosozialen Reifung werden alle während der ersten kritischen drei Jahre erworben.

Eine wichtige Funktion übernehmen dabei die frühkindlichen oralen Reflexe. Sie dienen primär als Schutz- und Überlebensfunktion. Sie erlauben dem Säugling, sich von Geburt an ernähren zu können. Das Kind kann mithilfe der Reflexe die Nahrungsquelle finden, saugen und die Flüssigkeit schlucken.

In der folgenden Tabelle sind die wichtigsten oralen Reflexe in ihrer Wirkungsweise aufgeführt. Die Reflexe bleiben in der Regel nur in der frühen Kindheit bestehen, wobei der Würgereflex normalerweise mit ungefähr 6 Monaten rückverlagert wird. Wenn Reflexe überhaupt nicht, zu stark oder mit unterschiedlicher Intensität auf beiden Körperseiten auftreten, besteht der Verdacht auf eine Störung des Nervensystems.

Die kindlichen oralen Reflexe			
Reflex	**Auslösender Reiz**	**Reaktion**	**Zeitraum**
Würgereflex	Berühren der Hinterzunge	Kontraktion des Gaumens und des Pharynx	Bleibt bestehen
Beißreflex	Druck auf das Zahnfleisch	Rhythmisches Öffnen und Schließen des Kiefers	9.-12. Monat
Zungen-protrusion	Berührung der Zunge oder der Lippen	Die Zunge wird vorgestreckt	4.-6. Monat
Transversaler Zungenreflex	Berührung an der Zungenseite	Die Zunge bewegt sich zum Reiz hin	6.-9. Monat
Rootingreflex	Berühren der Mundwinkel oder Wangen	Der Kopf dreht sich in die Richtung des Reizes	3.-6. Monat

Die kindlichen Schluckphasen

Der Schluckvorgang wird in einzelne Phasen unterteilt. Man unterscheidet:

Die präorale Phase

Um ein Kind geeignet auf die Nahrungsaufnahme vorzubereiten, muss die präorale Phase in die Ess- bzw. Füttersituation mit einbezogen werden. Hierzu gehören das Riechen, das Sehen, das Hören und das Ertasten der angebotenen Nahrung. Die Speichelproduktion wird präoral angeregt und somit eine Schluckstimulation evoziert. Insbesondere das behinderte Kind profitiert von dieser Phase und wird vor unangenehmen Überraschungen und Schreckmomenten geschützt.

Die orale Vorbereitungsphase

Diese Phase ist beim gesunden Säugling nur sehr kurz. Die Hauptaufgabe besteht im Festhalten der Brustwarze. Mit zunehmend fester Nahrung verlängert sich die Dauer der oralen Vorbereitungsphase, weil bei festerer Konsistenz die Nahrung zerkleinert und mit Speichel durchmischt werden muss.

Die orale Transportphase

Nachdem die Nahrung zerkleinert worden ist, muss sie zum Weitertransport richtig positioniert werden. Die orale Transportphase beginnt mit Hebung der Vorderzunge und Druck auf den Bolus (Nahrung/Speise) in Richtung Rachen, dabei wird er von der Zunge kontrolliert und gehalten. Die Kraft, die hierfür aufzuwenden ist, hängt von der Konsistenz der Nahrung ab. Diese Phase endet mit der Reflexauslösung des Schluckens. Die orale Phase ist willentlich beeinflussbar.

Die pharyngeale Phase

Wie bei Erwachsenen auch beginnt die pharyngeale Phase mit der Hebung des Gaumensegels in Richtung Rachenhinterwand. Damit wird ein Eindringen der Nahrung in den Nasenraum verhindert. Nachdem der Bolus die Schlundenge passiert hat, beginnt der reflektorische Teil des Schluckaktes. Die pumpenartige Zungenbewegung, der Sog des Unterdrucks sowie die Kontraktionsbewegungen befördern die Nahrung durch den Rachenraum. Das Bewegungsausmaß ist beim Kind jedoch kleiner als beim Erwachsenen, da Kehlkopf und Zungenbein in Ruhe höher liegen (Geißler & Winkler, 2010, 27ff).

Die ösophageale Phase

In dieser Phase wird die Nahrung in peristaltischen Wellen durch die Speiseröhre in den Magen transportiert.

Die Saug-, Kau- und Schluckentwicklung im Säuglings- und Kindesalter

Das Saugverhalten

Nach der Geburt werden Säuglinge zuerst über das Stillen an der Brust oder das Trinken aus der Flasche ernährt. Wie bereits geschildert, unterscheidet sich der Mundraum eines Säuglings anatomisch deutlich von dem eines sechs Monate alten Kindes, das bereits Brei essen kann. Er ist in den ersten Lebensmonaten fast vollständig von der Zunge ausgefüllt. Die Wangen geben während des Saugens Stabilität durch eingelagerte Fettpolster, sogenannte Saugpolster.

Beim Saugen bildet die Zunge eine sogenannte Schüsselform, in der der Sauger oder die Brustwarze mittig liegt. Die Zunge macht dabei sowohl Auf- und Abwärtsbewegungen als auch Vor- und Rückwärtsbewegungen. Durch die Kombination dieser Bewegungen entsteht eine wellenartige Ausmelkbewegung der Zunge am Sauger bzw. der Brustwarze mit einer gleichzeitigen Rückzugbewegung der Zunge. Säuglinge können beim Trinken parallel saugen und atmen. Das Schlucken findet in kleinen Pausen statt. Der Saugrhythmus ist dabei individuell vom Kind abhängig.

Das Saugen an der Brust oder der Flasche kann in eine kontinuierliche und eine intermittierende Saugphase unterteilt werden. Die kontinuierliche Saugphase ist die erste Saugphase. In ihr trinken die Kinder konstant, ohne eine Pause zu machen. Diese Phase erstreckt sich über einen Zeitraum von ca. 30 Sekunden bis hin zu zwei Minuten oder länger. In der anschließenden intermittierenden Saugphase machen die Säuglinge längere Pausen, in denen sie nur atmen und gegebenenfalls schlucken, aber nicht mehr saugen.

Das Saugen an der Brust oder der Flasche folgt in den **ersten Monaten** einem reflexgesteuerten, reaktiven Saugmuster. Es wird durch die Suchreaktion und das Platzieren eines Saugers oder der Brustwarze auf der Zunge direkt ausgelöst und ist vom Säugling willentlich nicht beeinflussbar.

Zwischen dem **zweiten und vierten Monat** geht das reaktive Saugen allmählich über in ein erlerntes motorisches Programm. Der Säugling fängt an, willentlich zu saugen. Jetzt sieht man häufig, dass die Säuglinge die Flasche mit festhalten wollen, sie aus dem Mund herausschieben können und häufiger Pausen machen. Ihre Teilnahme am Füttern aus der Flasche oder der Brust wird aktiver.

kontinuierliche Saugphase	intermittierende Saugphase
= 1. Saugphase konstantes Trinken ohne Pause	= 2. Saugphase längere Pausen zum Atmen und Schlucken, ohne Saugen

Übergang zur Breikost – das Essen vom Löffel

Die Empfehlungen, ab welchem Zeitpunkt Breikost eingeführt werden kann, variieren. Die WHO (Weltgesundheitsorganisation) empfiehlt die Einführung von Breikost nach sechs Monaten ausschließlichen Stillens. Ein Konsens im deutschen Ärzteblatt 2011 (Koletzko, 2011) besagt, Breikost frühestens mit Beginn des **fünften** und spätestens mit Beginn des **siebten Monats** einzuführen. Wann Eltern mit der Breikost beginnen, hat zumeist unterschiedliche Gründe oder Anlasse, z.B. wenn Kinder am Essen der Eltern Interesse zeigen oder aber von der Milch nicht mehr ausreichend satt werden.

Der fein pürierte Brei vom Löffel ist für die Kinder zu Beginn ungewohnt. Der Brei wird dann teilweise vom Löffel gesaugt. Dies kann noch durch die Saugreaktion an der Flasche beeinflusst werden. Aufgrund der noch überwiegend vorwärtsorientierten Zungenbewegung wird ein Teil des Breis mit der Zunge nach vorne aus dem Mund herausgedrückt. Im weiteren Verlauf verändert sich dieses Muster, sodass die Kinder mit **sieben bis neun Monaten** aktiver mit ihren Lippen den Brei vom Löffel abziehen können. Die Zunge zeigt zu dieser Zeit erste seitliche Bewegungen und drückt den Brei seltener vorne aus dem Mund heraus.

Abb. 4:
Essversuche mit dem Löffel

Mit **zehn bis zwölf Monaten** möchten die Kinder erste eigene Versuche machen, mit dem Löffel zu essen, wobei sie den Löffel anfangs meist falsch herumdrehen und so viel Essen auf dem Löffel verloren geht. Zwischen **einem Jahr und anderthalb Jahren** können die Kinder schon einen Teil ihrer Mahlzeit selbstständig mit dem Löffel essen. Mit **anderthalb bis zwei Jahren** essen sie meist schon ganz selbstständig ihre Mahlzeiten.

Die Konsistenz der Breikost verändert sich schnell. Während der erste Brei noch fein püriert ist, kann er bei **acht** Monate alten Kindern schon kleine Stückchen enthalten, die im Verlauf größer werden. Um den **ersten Geburtstag** herum wollen viele Kinder keine Breikost mehr essen, sondern lieber die Familienkost, die auch ihre Eltern essen.

Zwischen dem **vierten und achten Monat** durchlaufen die Kinder eine sensible Phase in der Geschmacksentwicklung, mit dem Höhepunkt um den sechsten Monat. Um Kinder an verschiedene Geschmacksrichtungen zu gewöhnen, sollte deshalb in diesem Zeitraum jede einzelne Gemüsesorte acht- bis zehnmal und jede Obstsorte drei- bis fünfmal als Brei angeboten werden.

Übergang zu fester Kost: das Kauen

Erste Kauversuche machen die Kinder ungefähr im Alter von **sieben bis acht Monaten** mit halbfester Kost, beispielsweise mit Bananen oder Babykeksen, die im Mund schnell weich werden. Diese können sie mit den Händen festhalten und zum Mund führen. Anfänglich lutschen sie daran und erkunden sie in ihrem Mund. Kleine weiche Stückchen werden mit der Zunge und den Zahndämmen mit kleinen mampfenden Bewegungen zerdrückt, aufgeweicht und schließlich geschluckt. Bei diesem Ausprobieren kann es zum Würgen und Husten oder auch Verschlucken kommen. Dies ist Teil des Lern- und Erfahrungsprozesses und macht die Kinder weniger empfindlich im Mundraum.

In der zweiten Hälfte des ersten Lebensjahres zeigen die Kinder dann immer größeres Interesse an dem, was ihre Eltern essen. Nach Einführung der halbfesten Kost probieren sie schon bald auch festere Kost zu kauen, häufig schon mit acht Monaten. Falls bereits erste Zähne vorhanden sind, können sie das Kauen und auch das Abbeißen unterstützen. Jedoch können die Kinder auch auf ihren Zahndämmen feste Kost gut zerkleinern und brauchen dafür nicht unbedingt Zähne.

Um den ersten Geburtstag herum ändern viele Kinder ihr anfänglich mampfendes Kaumuster hin zu einem Kaumuster mit mehr rotierenden Kaubewegungen. Mit anderthalb Jahren können die Kinder Nahrung beim Kauen immer besser im Mund halten und verlieren sie kaum noch während des Kauens. Zwischen dem **zweiten und dritten Lebensjahr** ist die Kauentwicklung im Prinzip abgeschlossen. Die Kinder zeigen ein rotierendes Kaumuster.

Trinken aus dem Becher

Erste Erfahrungen mit dem Trinken von Wasser oder Tee aus einem Trinklernbecher oder einem offenen Becher machen die Kinder ab dem **achten Monat**. Das Trinken aus dem Trinklernbecher unterscheidet sich nicht so sehr von dem Trinken aus der Saugerflasche. Bei vielen Kindern ist ein ähnliches Saugmuster wie an der Flasche zu beobachten. So kann das Trinken aus dem Trinklernbecher schnell gelingen.

Anders verhält es sich mit dem Trinken aus einem offenen Becher, da kein Saugmuster verwendet werden kann. Das Kind sollte bereits frei sitzen und seinen Oberkörper und Kopf stabil aufrichten können. Anfangs ist das Trinken aus einem offenen Becher oder einem Glas mit viel Flüssigkeitsverlust verbunden. Mit Unterstützung der Eltern gelingt es ab einem Alter von **einem Jahr** schon relativ gut mit weniger Flüssigkeitsverlust. Mit **anderthalb bis zwei Jahren** können die Kinder dann selbstständig aus dem offenen Becher trinken.

Abb. 5: Selbstständiges Trinken aus einem Becher

Die Saug-, Kau- und Schluckentwicklung im Überblick

Alter in Monaten	0–4	5–7	8–10	10–12	12–18	18–24	24–36
Trinken	Flasche / Stillen	Flasche / Stillen	Flasche / Stillen Beginn Becher	Flasche / Stillen Becher noch mit Flüssigkeitsver-lust	Flasche / Stillen selbstständiges Trinken aus dem Becher	(Stillen) selbstständiges Trinken aus dem Becher	Selbstständiges Trinken aus dem Becher
Essen vom Löffel		Breikost püriert	Breikost mit Stückchen	Breikost mit Stückchen und Familienkost, erste eigene Versuche mit dem Löffel	Familienkost, zum Teil selbstständiges Essen	Familienkost, selbstständiges Essen	Familienkost
Kauen			Erste Versuche: Mampfen	Mampfen, erstes diagonal rotierendes Kauen	Zirkulär rotierendes Kauen	Zirkulär rotierendes Kauen	Zirkulär rotierendes Kauen
Konsis-tenzen	Nur Flüssigkeiten	Pürierte Breikost	Breikost mit Stückchen, halbfeste Kost (z.B. Banane, Babykekse)	Halbfeste Kost, feste Kost	Alle Konsistenzen	Alle Konsistenzen	Alle Konsistenzen

Beispiele für unterschiedliche Kostformen

Kostform	weich	halbfest	fest
Beispiele	Obstbrei, Gemüsebrei	Banane, gekochte Kartoffelstücke, Babykekse, Reiswaffeln	Brot, Dinkelstangen, Apfel
Bevorzugt zu welchem Alter	4–7 Monate	Ab 7–8 Monaten	Ab 10–12 Monaten

Abweichungen von der physiologischen Saug-, Schluck- und Kauentwicklung

Nicht alle Kinder zeigen eine problemlose Ernährungsentwicklung. Beispielsweise kann es zu Schwierigkeiten beim Trinken kommen oder aber zu Problemen beim Übergang zur Breikost und/oder festen Kost.

Schluckstörung bei Kindern – was ist das?

Stellen Sie sich vor, ein Kind wird in einer Kinderarztpraxis vorgestellt, weil die Eltern Schwierigkeiten mit der Nahrungsaufnahme beobachtet haben.

Diese Probleme können sehr vielschichtig sein: Säuglinge ermüden sehr schnell beim Trinken, Kinder lehnen die Aufnahme von Nahrung ab oder reagieren abwehrend auf die Umstellung von Milch auf Breikost.

Es ist nicht möglich, alle Auffälligkeiten zu beschreiben, die im alltäglichen Umgang mit Kindern mit Störungen in der Nahrungsaufnahme auftreten können. Die folgenden Erklärungen sollen zunächst etwas Klarheit in den Dschungel der Begrifflichkeiten bringen.

Fütterstörung	Dieser Begriff umschreibt häufig eine frühkindliche Anpassungsstörung beim Stillen, beim Übergang zur Flaschennahrung, beim Übergang zur Breikost oder bei Einführung fester Nahrung. Sie ist gekennzeichnet durch inadäquate Nahrungsaufnahme, dauert länger als vier Wochen an, tritt vor dem sechsten Lebensjahr auf und ist mit Gedeihstörung verbunden.
Essstörung	Dieser Begriff wird häufig in Zusammenhang mit Magersucht oder Bulimie verwendet, trifft also auf die Ernährungsstörungen bei kleinen Kindern nicht zu. Bei Kindern spricht man daher eher von Saug-, Trink- oder Schluckstörungen.

Myofunktionelle Störungen	Dieser Begriff beschreibt ein muskuläres Ungleichgewicht der Gesichts- und Mundmuskulatur, das häufig mit einer Kieferfehlstellung und einem unphysiologischen Schluckmuster einhergeht. Myofunktionelle Störungen sind keine typische Schluckstörung im Sinne von Beeinträchtigung des Nahrungstransportes (Kittel, 2011).
Kindliche Dysphagie	Hierunter versteht man Störungen in der Aufnahme, Verarbeitung und im Transport von Nahrung und Speichel, die durch angeborene und/oder erworbene neurologische Erkrankungen oder Verhaltensmuster bedingt sind. Das kann z.B. nach einem Unfall mit neurologischer Schädigung der Fall sein oder wenn ein Kind mit einem Syndrom wie der Pierre-Robin-Sequenz o.Ä. geboren wird.

Wann stelle ich mein Kind beim Kinderarzt vor – Warnzeichen und Hinweise auf eine kindliche Dysphagie

Eine kindliche Dysphagie kann sich auf unterschiedliche Weise bemerkbar machen. Falls Sie ein oder mehrere der unten aufgeführten Anzeichen bei Ihrem Kind beobachten, sollten Sie mit Ihrem Kinderarzt darüber sprechen.

- Mangelhafte Koordination von Schlucken und Saugen, erkennbar z.B. durch Milchverlust oder Husten
- Häufiges Verschlucken, exzessives Würgen oder wiederholtes Husten während des Fütterns
- Plötzliches Auftreten von Problemen bei der Nahrungsaufnahme
- Atemunterbrechungen oder -stillstände während des Saugens
- Schwaches Saugen
- Feucht oder gurgelig klingende Stimme
- Häufig erhöhte Temperatur
- Gewichtsverlust oder mangelnde Gewichtszunahme über zwei bis drei Monate (sogenannte Gedeihstörung, d.h. eine Diskrepanz zwischen benötigter und zugeführter Nahrung)
- Unerklärliche Essensverweigerung und Unterernährung
- Ernsthafte Irritationen oder Verhaltensprobleme während des Fütterns, wiederholte Atemwegsinfekte oder Lungenentzündung im Zusammenhang mit Fütterschwierigkeiten, z.B. weil das Kind sich oft verschluckt und dabei auch Speisereste in die Luftwege geraten können

- Aspiration (medizinischer Fachbegriff für „Verschlucken") während der Mahlzeiten
- Häufiges schnelles Einschlafen oder erhöhte Aktivität während des Fütterns
- Fütterzeiten länger als 30 bis 40 Minuten
- Sabbern über das Alter von fünf Jahren hinaus
- Während des Fütterns Austreten von Nahrung oder Flüssigkeit aus der Nase
- Kinder mit kraniofazialen Anomalien (z.B. Pierre-Robin-Sequenz)

Das Saugen aus der Flasche/an der Brust

Das Trinken aus der Flasche oder an der Brust ist ein hochkomplexer Prozess, der von vielen verschiedenen Faktoren erheblich beeinflusst werden kann. Beispielsweise kann die Koordination von Saugen, Schlucken und Atmen beeinträchtigt, das Saugmuster auffällig oder die Ausdauer beim Trinken reduziert sein. Beim Trinken können gastroenterologische (Magen und Darm betreffende) Probleme auftreten, oder es kommt nach bzw. während des Trinkens zu Problemen in der Verdauung. Dies zeigt sich z.B. durch Erbrechen, Durchfall sowie Unwohlsein des Kindes.

Wenn Schwierigkeiten beim Trinken auftreten, sind Eltern zu Recht schnell um die Gesundheit ihres Kindes besorgt, insbesondere wenn die beschriebenen Schwierigkeiten dazu führen, dass die Mahlzeiten sehr lange dauern, das Kind die notwendige Menge an Milch nicht trinken kann und es an Gewicht verliert. Schnell kann sich hieraus ein Teufelskreis entwickeln: Die Eltern sind schon zu Beginn der Mahlzeit besorgt und angespannt, dies überträgt sich wiederum auf ihr Kind, sodass die Mahlzeit noch schwieriger wird.

Im Folgenden werden mögliche Probleme aufgezeigt. Es wird dargestellt, wie Eltern darauf reagieren können und wann ein Spezialist aufgesucht werden sollte.

Auffälligkeiten in der Koordination von Saugen, Schlucken und Atmen

Beim Trinken aus der Flasche oder an der Brust braucht der Säugling eine sehr gut abgestimmte Koordination von Saugen, Schlucken und Atmen. Dieses Zusammenspiel ist hochkomplex und funktioniert bei einigen Säuglingen nicht immer optimal.

Schwierigkeiten mit der Koordination können sich zeigen durch:

- Milchverlust während des Trinkens
- Husten und Verschlucken
- Trinkapnoe – äußerlich erkennbar als blaues Munddreieck (keine regelmäßige Atmung bzw. Anhalten der Luft während des Trinkens. Durch das Anhalten der Luft reduziert sich die Sauerstoffsättigung im Blut, dies hat zur Folge, dass die Haut zwischen Oberlippe und Nase sich bläulich färbt.)
- unrhythmisches Trinken mit häufigen Unterbrechungen

Worauf ist in diesem Fall zu achten?

- Fütterumgebung
- Fütterposition
- Wahl des Flaschensaugers

Fütterumgebung

Bestehen Schwierigkeiten mit der Koordination von Saugen, Schlucken und Atmen, kann eine unruhige Umgebung eine zusätzliche Belastung für das Trinken darstellen. Das Füttern oder Stillen sollte deshalb in einer ruhigen und reizarmen Umgebung stattfinden. Ein Ortswechsel während des Fütterns, viele Geräusche – z.B. durch Radio, Fernsehen, Musik – oder laute Gespräche mit Erwachsenen oder (Geschwister-)Kindern können das Kind irritieren und die Nahrungsaufnahme erschweren.

Hinweis für Eltern

Versuchen Sie während der Mahlzeit eine möglichst ungestörte, reizarme und ruhige Umgebung für sich und Ihr Kind zu schaffen, damit Sie und Ihr Kind sich voll auf das Trinken konzentrieren können. Sprechen Sie mit Ihrem Kind mit klarer und sanfter Stimme, um es zu beruhigen.

Fütterposition

Eine stabile Positionierung ist eine wichtige Voraussetzung für ein erfolgreiches Trinken. Kinder trinken am besten in einer leicht gerundeten und gebeugten Haltung. Die Arme und Hände sollten zur Körpermitte des Kindes geführt sein. Die Schultern und der Rücken sollten gut gestützt sein und der Nacken eine leichte Aufrichtung haben.

Das Kind sollte sich sicher gehalten fühlen, damit es all seine Energie für das Trinken einsetzen kann und keine Energie aufwenden muss, um die fehlende externe Stabilisierung selbst auszugleichen. Es ist auch darauf zu achten, dass die Füße nicht in der Luft schweben, sondern die Fußsohlen sich an etwas abstützen können, beispielsweise einem Stillkissen, um eine natürliche Begrenzung zu haben.

Manche Kinder trinken besonders gut, wenn sie ganz viel Begrenzung bekommen. Diese Kinder kann man mit einem Tuch eng einwickeln (sogenanntes „Pukken"). Andere Kinder wiederum mögen die Enge nicht so gerne und möchten mehr Freiheit für die Bewegung ihrer Arme und Hände haben.

Hinweis für Eltern

Nehmen Sie sich Zeit für die Positionierung Ihres Kindes. Sie und Ihr Kind sollten bequem sitzen oder liegen, um ein entspanntes Füttern starten zu können. Sitzen Sie als Eltern nicht bequem, kann sich Ihre Anspannung auf Ihr Kind übertragen.
Wählen Sie eine der dargestellten Fütterpositionen und behalten Sie sie eine ganze Weile bei. Vermeiden Sie einen häufigen Wechsel der Positionierung und auch häufige Unterbrechungen, z.B. zum Bauern. Ihr Kind kann irritiert werden, wenn es in kurzen Abständen häufig neu positioniert wird.

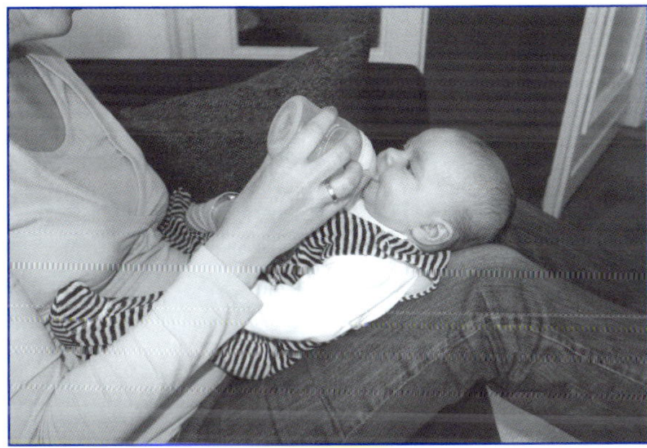

Abb. 6: Füttern mit der Flasche: Rückenlage auf den Beinen der Mutter

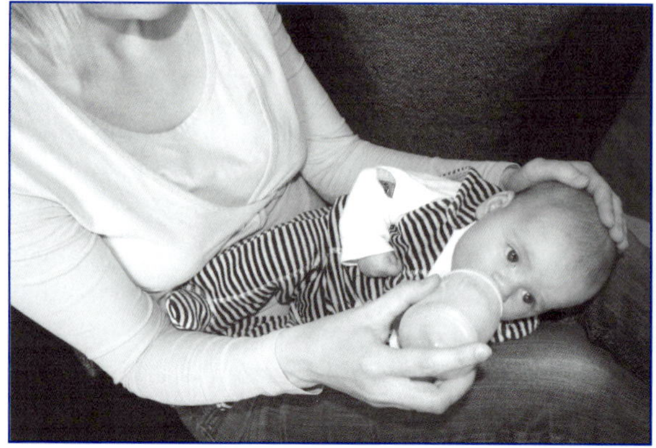

Abb. 7:
Füttern mit der Flasche: Seitlage auf den Beinen der Mutter

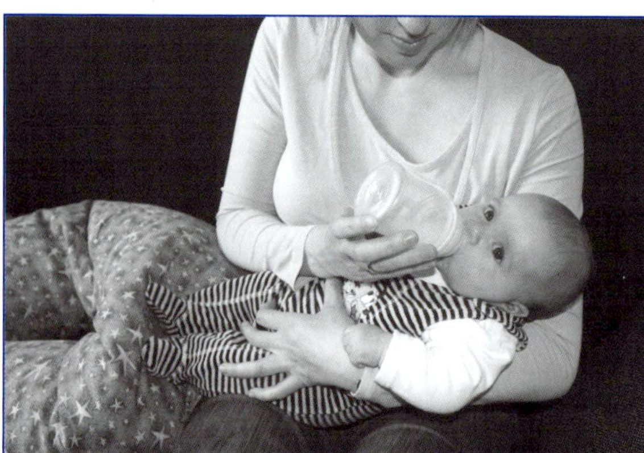

Abb. 8:
Füttern mit der Flasche in der Wiegehaltung

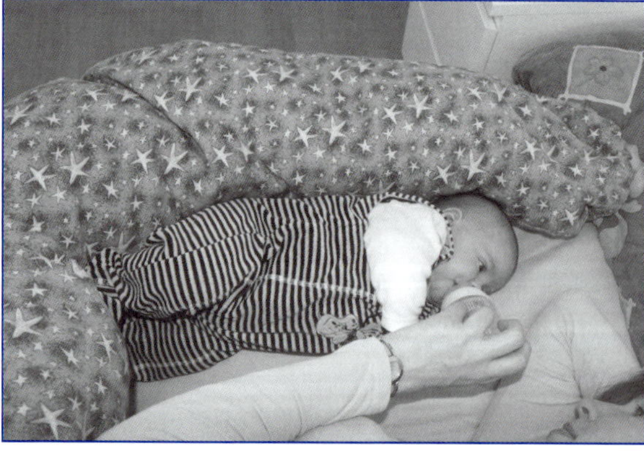

Abb. 9:
Füttern mit der Flasche in der Seitlage im Liegen

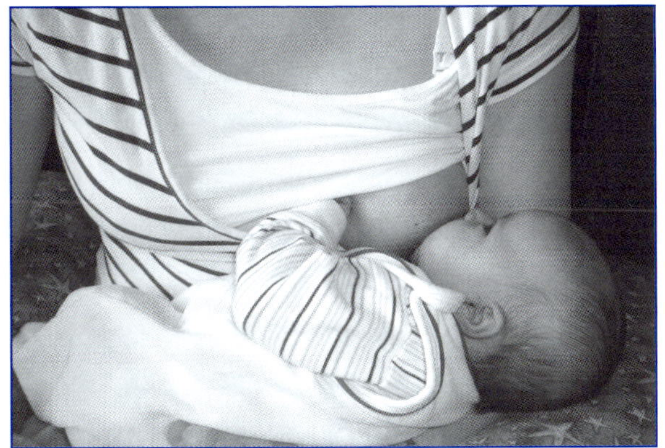

Abb. 10:
Stillen in der Wiegehaltung

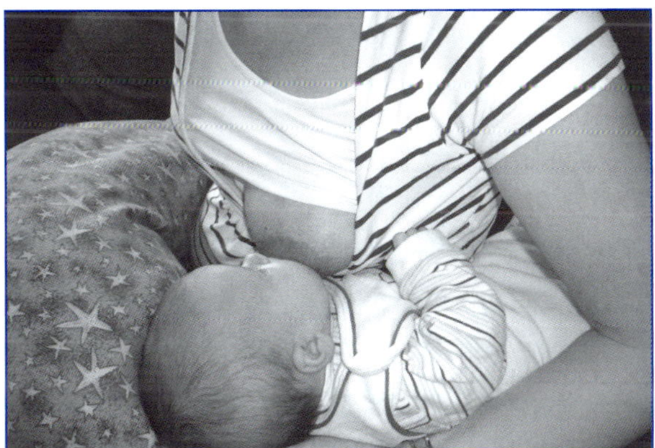

Abb. 11:
Stillen in der Fußballerhaltung

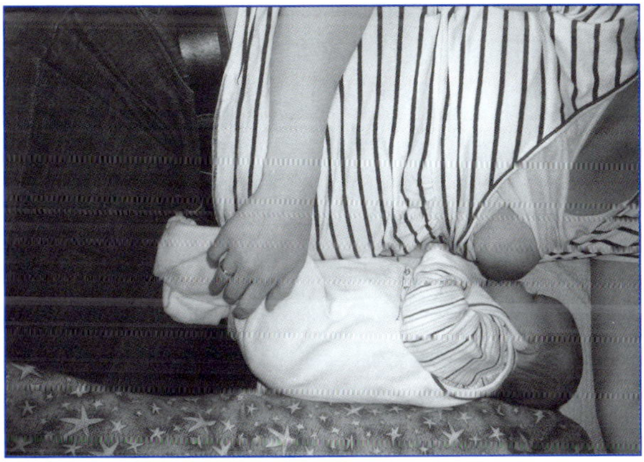

Abb. 12:
Stillen in der Seitlage im Liegen

Wahl des Flaschensaugers

Der Flaschensauger kann die Koordination im Fütterprozess entscheidend beeinflussen. Es gibt prinzipiell zwei Arten von Saugern: längliche und breitere Sauger. In Studien konnte kein Vorteil eines Saugertyps gegenüber einem anderen nachgewiesen werden. Manche Kinder können mit allen Saugern gleich gut trinken, andere präferieren eine bestimmte Saugerform. Entscheidender als die Form ist jedoch die Milchflussgeschwindigkeit der Sauger, die sich häufig stark unterscheidet.

Hinweis für Eltern

Um die Milchflussgeschwindigkeit eines Saugers zu testen, drehen Sie die volle Flasche auf den Kopf und zählen dabei, wie schnell Milch aus dem Sauger herausläuft. Eine Milchflussgeschwindigkeit von einem Tropfen pro Sekunde ist eine normale Geschwindigkeit. Läuft die Milch schneller aus dem Sauger, ist die Milchflussgeschwindigkeit zu hoch und kann die Koordination von Saugen, Schlucken und Atmen erschweren.

Normalerweise können Säuglinge ihren Trinkrhythmus an unterschiedliche Milchflussgeschwindigkeiten anpassen. Bestehen jedoch Schwierigkeiten mit der Koordination von Saugen, Schlucken und Atmen, gelingt ihnen dies nicht. Ein zu schneller Milchfluss kann dazu führen, dass beim Saugen sehr viel Milch auf einmal in den Mund gelangt, die nicht ausreichend schnell abgeschluckt werden kann. Oder in den Pausen fließt die Milch ohne Saugbewegung weiter in den Mund. Die Folgen können sein, dass es zum Milchverlust und/oder zum Verschlucken kommen kann oder aber nicht ausreichend geatmet werden kann und eine Trinkapnoe auftritt.

Hinweis für Eltern

Zeigt Ihr Kind Schwierigkeiten bei der Koordination von Saugen, Schlucken und Atmen, sollten Sie einen Sauger mit einer kleinen Milchflussgeschwindigkeit wählen (z.B. Slow Flow-Sauger) oder sogar eine Spezialflasche nutzen, bei der der Milchfluss nicht spontan auftritt, sondern nur beim Saugen (z.B. Medela Special Needs Sauger).

Abb. 13: Klinikas Sauger – längliche Form

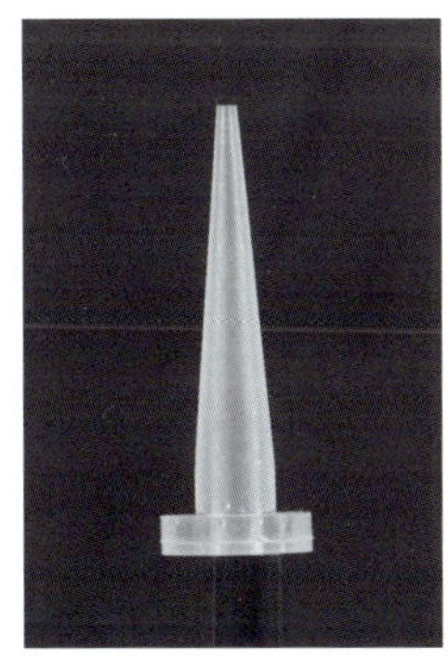

Abb. 14: Medela Fingerfeeder

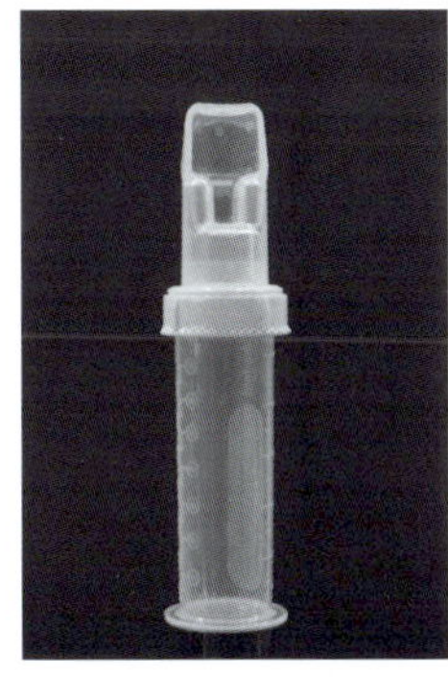

Abb. 15: Medela Soft Cup

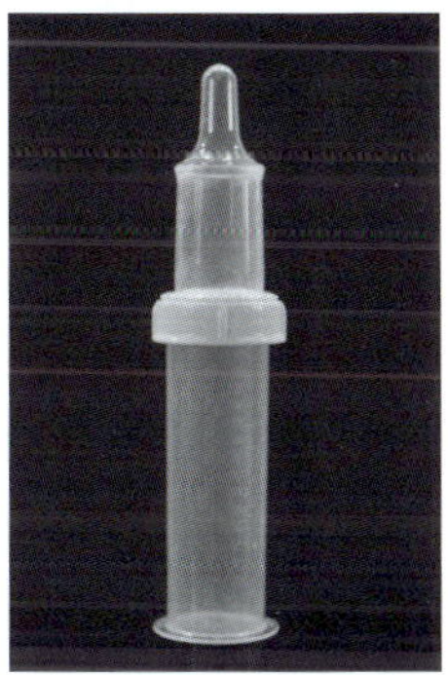

Abb. 16: Medela Special Needs Sauger

Abb. 17: NUK Sauger – breite Form

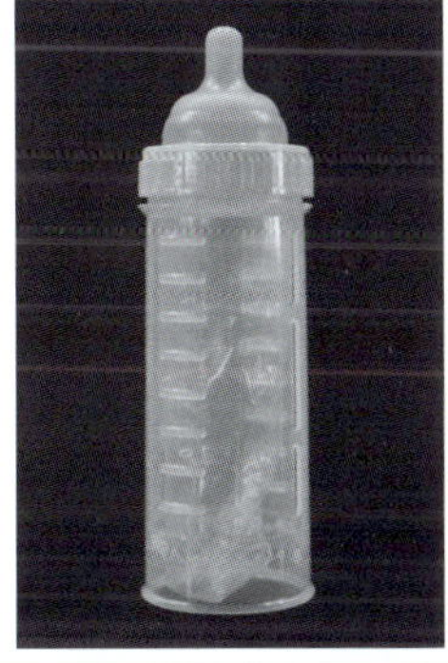

Abb. 18: Playtex Slow Flow Sauger

Beim Stillen kann die Koordination zum Teil einfacher sein, weil die Milch zumeist nur aus der Brust fließt, wenn das Kind daran saugt. Wenn Mütter einen sehr großen spontanen Milchfluss haben, kann gemeinsam mit der Hebamme oder einer Still- bzw. Laktationsberaterin eine passende Stillposition gefunden werden.

Halten die Koordinationsprobleme an, sodass das Kind nicht ausreichend Milch trinkt, an Gewicht abnimmt und jede Mahlzeit eine große Belastung für Eltern und Kinder darstellt, sollte ein Spezialist (eine Hebamme oder eine entsprechend qualifizierte und erfahrene Logopädin [Kinderschlucktherapeutin]) aufgesucht werden.

Flasche und/oder Brust?

Saugverwirrung

Viele Eltern befürchten eine Saugverwirrung, wenn ihr Kind sowohl gestillt wird als auch ein Fläschchen erhalten soll.

Bei primärem Stillwunsch ist das zusätzliche Geben einer Flasche oder eines Schnullers bei guter Milchproduktion der Mutter nach ein bis zwei Wochen gut möglich.

Um eine Saugverwirrung zu vermeiden, sollte aber ein häufiger Wechsel zwischen der Brust und der Flasche, z.B. mehrfach während einer Mahlzeit, vermieden werden. Ein Wechsel von Mahlzeit zu Mahlzeit oder einmalig während der Mahlzeit ist dagegen möglich. Kinder können sich dann gut auf beide Ernährungsformen einstellen und entwickeln keine Saugverwirrung.

Auffälligkeiten im Trink-/Saugmuster

Wenn ein Säugling Hunger hat, zeigt er normalerweise spontan oder beim Berühren der Lippen oder Wangen eine Suchreaktion nach einer Milchquelle. Wird ein Sauger oder die Brustwarze in den Mund eingeführt, setzt die Saugreaktion ein. Das Kind beginnt direkt mit dem Saugen und verliert nicht den Kontakt zum Sauger, insbesondere nicht am Anfang der Mahlzeit.

Schwierigkeiten mit dem Trink- und Saugmuster können sich zeigen durch:

- ein Ausbleiben der Suchreaktion
- einen verzögerten Start beim Trinken
- Probleme beim Umschließen des Saugers/der Brustwarze mit den Lippen
- einen schwachen Sog
- Würgen
- Verlust des Saugers – häufige Unterbrechungen
- Verschlucken und Husten

Worauf ist in diesem Fall zu achten?

- Wachheitszustand und Hungergefühl
- zeitlicher Rhythmus und Trinkmenge
- Sogaufbau

Wachheitszustand und Hungergefühl

Ein guter Wachheitszustand und ein adäquates Hungergefühl sind wichtig, damit Kinder eine ausreichende Menge an Milch während einer Mahlzeit trinken können. Das Auslösen der Suchreaktion zeigt die Bereitschaft des Kindes zu trinken. Ist diese nicht auslösbar oder das Kind in keinem adäquaten Wachheitszustand, kann es zu Problemen im Saugmuster und zum Würgen kommen sowie zum frühzeitigen Ende einer Mahlzeit.

Hinweis für Eltern

Füttern Sie Ihren Säugling erst dann, wenn er selbstständig wach geworden ist und sein Hungergefühl z.B. durch Schreien äußert. Schauen Sie, ob Sie bei Ihrem Kind eine Suchreaktion durch das Berühren der Wangen oder der Lippen auslösen können. Wenn Sie sie nicht auslösen können, warten Sie mit der Mahlzeit noch etwas und testen nach einer halben Stunde erneut die Suchreaktion.

Zeitlicher Rhythmus und Trinkmenge

Der zeitliche Abstand zwischen den Mahlzeiten und die jeweilige Trinkmenge sind bei Kindern unterschiedlich. Beides hängt von ihrem Alter, ihrem aktuellen Zustand aber auch von der Ernährungsform (Stillen oder Flaschenernährung) ab. Manche Kinder haben einen ganz regelmäßigen Trinkrhythmus von beispielsweise jeweils drei Stunden und trinken auch immer ähnlich viel. Andere machen zwischen ihren Mahlzeiten sehr unterschiedliche Pausen von nur anderthalb Stunden bis fünf Stunden oder mehr. Sie trinken dann zum Teil unterschiedlich viel Milch zu ihren Mahlzeiten. Kinder sind keine Maschinen, bei denen man die Zeiten und die Trinkmengen immer voraussehen kann. Entscheidend ist, dass in 24 Stunden ausreichend viel Milch getrunken wird, damit das Kind adäquat zunehmen kann.

Hinweis für Eltern

Lassen Sie Ihr Kind seinen eigenen Rhythmus finden, sowohl zeitlich als auch bei der Trinkmenge. Wichtig ist, dass Ihr Kind in 24 Stunden genügend trinkt, um ausreichend an Gewicht zuzunehmen.
Versuchen Sie ein sehr häufiges Nahrungsangebot – beispielsweise jede halbe bis jede Stunde zu vermeiden. Ihr Kind braucht Zeit, um sich zu erholen, zu verdauen oder genügend Hunger für die nächste Mahlzeit entwickeln zu können.

Sogaufbau

Beim Trinken aus der Flasche oder an der Brust braucht der Säugling ein ausgeglichenes Verhältnis von Sog und Kompression, d.h. um die Milch anzusaugen und mit Druck weiterzutransportieren. Gelingt es dem Säugling nicht, ausreichenden Sog aufzubauen, können die Mahlzeiten lange dauern und die Trinkmenge kann unter Umständen nicht geschafft werden. Für zu wenig Kraft beim Saugen und den daraus entstehenden schwachen Sog gibt es verschiedene Ursachen: beispielsweise neurologische Unreife – z.B. bei Frühgeborenen –, neuromuskuläre Erkrankungen oder Herz- und Lungenerkrankungen. Die Ursachen sollten jeweils professionell abgeklärt werden.

Nach der medizinischen Abklärung kann in der logopädischen Therapie am Saugmuster gearbeitet werden oder aber es können Vorstufen zum Trinken aus der Flasche (z.B. Fingerfeeding) mit den Eltern erarbeitet werden. Beim Fingerfeeding saugt das Kind am Finger der Mutter. Direkt am Finger liegt eine dünne Sonde oder ein Fingerfeeder (z.B. von Medela) an. Damit kann die Mutter während des Saugens in sehr kleinen dosierten Mengen Milch in den Mund geben. Um das Fingerfeeding erfolgreich anzuwenden, ist eine Anleitung durch einen Spezialisten (Hebamme oder Logopädin) notwendig. Dazu ist es möglicherweise sinnvoll, kurzzeitig eine Magensonde zu legen. Eine Magensonde ist ein dünner Schlauch, der über den Nasenraum bis in den Magen gelegt wird und über mehrere Wochen liegen kann. Die Magensonde sichert die Ernährung des Kindes und gewährt Ruhe und Zeit, Trinkversuche langsam anzubahnen.

Hinweis für Eltern

Gelingt es Ihrem Kind nicht, den Sauger oder die Brustwarze zu umschließen, einen ausreichenden Sog an der Flasche oder der Brust aufzubauen oder verliert es immer wieder den Kontakt zum Sauger oder zur Brustwarze, ist eine Vorstellung bei der Logopädin sowie beim Kinderneurologen (Neuropädiater) zu empfehlen. Hier bietet sich häufig der Besuch eines sozialpädiatrischen Zentrums mit Neuropädiatrie und Logopädie an.

Auffälligkeiten in der Ausdauer beim Trinken

Kindern gelingt es normalerweise in einem Zeitraum von ca. einer halben Stunde, ausreichend Milch aus der Flasche oder an der Brust zu trinken. Gegen Ende der Mahlzeit werden viele Kinder müde und schlafen ein.

Schwierigkeiten mit der Ausdauer können sich zeigen durch:

- frühzeitiges Ermüden und Einschlafen, erneutes Wecken ist nur mit Schwierigkeiten möglich
- Menge der Mahlzeit wird in einer halben Stunde nicht geschafft
- häufige Mahlzeiten mit kleinen Mengen
- länger als 30 Minuten dauernde Mahlzeiten

Worauf ist in diesem Fall zu achten?

- Wachheitszustand und Hungergefühl (s. „Auffälligkeiten im Trink-/Saugmuster")
- Zeitlicher Rhythmus und Trinkmenge (s. „Auffälligkeiten im Trink-/Saugmuster")
- Sogaufbau (s. „Auffälligkeiten im Trink-/Saugmuster")
- Abklärung medizinischer Ursachen

Eine eingeschränkte Ausdauer bei der Nahrungsaufnahme kann durch viele Faktoren verursacht und beeinflusst werden. Die Beachtung von Wachheitszustand und Hungergefühl, des zeitlichen Rhythmus und der Trinkmengen kann eine Verbesserung bewirken. Sollte ein schwacher Sog vorliegen, kann auch er zu einer frühzeitigen Ermüdung führen.

Hinweis für Eltern

Achten Sie darauf, dass Sie Ihr Kind füttern, wenn es wach und hungrig ist. Begrenzen Sie die Mahlzeit auf den Zeitraum einer halben Stunde und stellen Sie sicher, dass Ihr Kind danach eine Erholungspause von mindestens ein- bis anderthalb Stunden hat, in der es ruhen kann und nicht gestört wird.

Versuchen Sie Ihr Kind während des Trinkens sanft wach zu halten, indem Sie mit klarer Stimme mit ihm sprechen. Sie können auch in Intervallen die Füße und Hände Ihres Kindes stimulieren, indem Sie die Innenflächen mit klarem Druck streicheln. Achten Sie darauf, dass Ihr Kind gut positioniert und gehalten ist.

Abklärung medizinischer Ursachen
Bei anhaltenden Schwierigkeiten mit der Ausdauer ist eine ärztliche Abklärung zu empfehlen, um mögliche medizinische Ursachen, wie z.B. Herz- oder Lungenerkrankungen, auszuschließen.

Gastroenterologische Probleme

Bei manchen Kindern ist zu beobachten, dass sie eine Mahlzeit problemlos beginnen, zunächst gut saugen und eine gute Koordination beim Trinken zeigen. Jedoch gestaltet sich die Mahlzeit im Verlauf – häufig bereits nach wenigen Minuten – zunehmend schwieriger und muss gegebenenfalls beendet werden. Manche Kinder zeigen dieses Verhalten von Geburt an, häufiger jedoch tritt es am Übergang vom reaktiven zum willentlichen Saugen im Alter von zwei bis vier Monaten auf. Hinter diesem Problem stehen dann oft gastroenterologische Schwierigkeiten.

Gastroenterologische Probleme können sich zeigen durch:
- normalen Trinkbeginn, nach kurzer Zeit Unterbrechung des Trinkrhythmus
- unruhiges Verhalten
- Überstrecken
- Weinen
- Erbrechen
- Verweigerung der Mahlzeit
- Gewichtsstagnation oder -abnahme

Eine frühzeitige interdisziplinäre Behandlung durch pädiatrische Gastroenterologen, Dysphagietherapeuten und gegebenenfalls Psychologen sollte erfolgen, wenn die Probleme über mehrere Wochen auftreten, das Kind im Gewicht stagniert oder an Gewicht verliert oder wenn die Mahlzeiten in der Familie zu einer starken Belastung führen.

Die Gastroenterologie klärt mögliche medizinische Ursachen wie z.B. Milcheiweißunverträglichkeit, gastroösophagealen Reflux (Zurückfließen von Nahrungsbrei oder Flüssigkeit in die Speiseröhre) oder Eosinophile Ösophagitis (chronische Speiseröhrenentzündung) ab und behandelt sie. Die auf Kinder spezialisierte Dysphagietherapeutin und eventuell die Psychologin beraten die Eltern zum Fütterverhalten und unterstützen sie, um im Alltag besser mit der schwierigen Füttersituation umgehen zu können und Probleme in der Fütterinteraktion zu verhindern.

In der pädiatrischen Gastroenterologie wird abgeklärt, ob eine der folgenden Störungen vorliegt:

- Unverträglichkeit des Eiweißes in der Milch
- Zurückfließen von Nahrungsbrei oder Flüssigkeit vom Magen in die Speiseröhre (gastroösophagealer Reflux), dies kann (muss aber nicht) eine Entzündung der Speiseröhre (Ösophagitis) zur Folge haben
- Chronisch entzündliche Erkrankung der Speiseröhre (Eosinophile Ösophagitis)
- weitere mögliche Erkrankungen

Hinweis für Eltern

Von einem **gastroösophagealen Reflux** spricht man, wenn Nahrungsbrei oder Flüssigkeit vom Magen zurück in die Speiseröhre läuft. Er ist im Kindes- und Erwachsenenalter zunächst ganz normal, wobei er bei Kindern bis zum 18. Lebensmonat ausgeprägter sein kann. Der Reflux an sich ist nicht behandlungsbedürftig, wenn das Kind ausreichend gedeiht. Ein regelmäßiger Reflux kann jedoch zu einer Entzündung der Speiseröhre (Ösophagitis) führen. Letztere kann nur über eine Endoskopie diagnostiziert werden und ist medikamentös zu behandeln.

Übergang zur Breikost – das Essen vom Löffel

Der Übergang zur Breikost verändert die bisher gewohnte Füttersituation zwischen Eltern und Kind erheblich. Während das Kind beim Trinken aus der Flasche in den ersten Lebensmonaten komplett von seinen Eltern abhängig ist, macht es mit Beginn des Breiessens den ersten Schritt zum selbstständigen Essen. Dazu ändert sich auch die räumliche Distanz zwischen Eltern und Kind. Das Kind sitzt nun selbstständiger in einer Wippe und schließlich im eigenen Hochstühlchen. Dies bedeutet eine große Umstellung in der Rollenverteilung von Eltern und Kind. Innerhalb von wenigen Monaten möchte das Kind nicht mehr ausschließlich gefüttert werden, sondern will immer selbstständiger essen.

Die ersten Versuche Brei zu essen sind für Kinder und Eltern eine neue Erfahrung und gelingen oft nicht auf Anhieb. Für beide ist es ein Gewöhnungs- und Lernprozess.

Bei einigen Kindern bestehen Schwierigkeiten über die ersten Versuche hinaus und können sich zum Teil noch verstärken.

Folgende Schwierigkeiten können sich zeigen:

- Lutschen am Löffel
- Würgen, Spucken und Erbrechen beim Essen mit dem Löffel und bei Breikost
- Husten, Verschlucken und Probleme beim Transport der Nahrung

Lutschen am Löffel

Bis zum ersten Brei kennen die Kinder nur das Saugen an der Flasche oder an der Brust. Viele Kinder saugen den Brei anfangs vom Löffel ein oder saugen und lutschen am Löffel.

Hinweis für Eltern
Versuchen Sie beim Füttern den Löffel nicht so lange im Mund Ihres Kindes zu lassen, sondern ziehen Sie ihn zügig wieder aus dem Mund heraus, um das Lutschen nicht zu ermöglichen oder zu verstärken. Falls Sie die Breikost vor einem Alter von sechs Monaten eingeführt haben, verschieben Sie die Versuche um ein paar Wochen nach hinten und schauen dann, ob das Lutschen am Löffel immer noch auftritt.

Sollte das Lutschen am Löffel nach dem sechsten Monat weiterhin auftreten, ist eine Vorstellung bei einer auf Kinder spezialisierten Dysphagietherapeutin (Logopädin oder Sprachtherapeutin) zu empfehlen. Dort kann therapeutisch am schrittweisen Abbau der dominanten Saugreaktion gearbeitet werden.

Würgen, Spucken und Erbrechen beim Essen mit dem Löffel und bei Breikost

Manche Kinder fangen an zu würgen, wenn ein Löffel zu den Lippen und/oder in den Mund geführt wird oder aber wenn Brei in den Mund kommt.

Worauf ist in diesem Fall zu achten?

- Orale Hypersensibilität
- Ganzkörperliche Hypersensibilität
- Füttern mit dem Finger
- Füttern mit dem Löffel

Orale Hypersensibilität
Die reflektorische Würgereaktion bei Säuglingen liegt in den ersten Monaten nach der Geburt sehr weit vorne im Mund, häufig schon an den Lippen. Sie fällt den Eltern nicht so sehr auf, weil die Kinder, wenn sie Hunger haben und trinken möchten, die Würgereaktion mithilfe der Saugreaktion überlagern können. Im

Verlauf der Entwicklung wird die Würgereaktion im Mund nach hinten verlagert und in ihrer Intensität reduziert. Dies geschieht, indem die Kinder schon ab einem Alter von drei Monaten ihre Hände und Spielzeuge zum und in den Mund führen, um ausgiebig zu explorieren. Dabei kann man häufig beobachten, dass sie sich selbst zum Würgen bringen, sie dies aber nicht stört. Durch das spielerische und regelmäßige Explorieren kann der Ort der Würgereaktion schrittweise weiter nach hinten im Mund verlagert werden und die Kinder reduzieren ihre Empfindlichkeit automatisch selbst.

Würgen Kinder, wenn sie einen Löffel oder Brei im Mund haben, sind sie womöglich noch sehr empfindlich im Mundraum und haben ihre Würgereaktion noch nicht selbstständig nach hinten verlagert. Viele dieser Kinder haben selten oder nie ihre Hände oder Spielsachen zum oder in den Mund geführt.

Hinweis für Eltern
Beobachten Sie, ob Ihr Kind seine Hände zum und in den Mund bringt und diese exploriert. Führt Ihr Kind auch Spielzeug zum Mund? Wann tritt eine Würgereaktion auf – schon an den Lippen oder erst weiter hinten im Mund? Wie reagiert Ihr Kind, wenn es würgt? Weint es oder findet es dies nicht schlimm und versucht, obwohl es würgen muss, immer wieder seine Hände oder Spielzeug in den Mund zu nehmen? Ist das Würgen so ausgeprägt, dass Ihr Kind es vermeidet, etwas in den Mund zu nehmen, können Sie die Spielideen zum Abbau von Überempfindlichkeit im Mund auf den folgenden Seiten einmal ausprobieren.

Ganzkörperliche Hypersensibilität

Bei manchen Kindern ist zu beobachten, dass sie nicht nur empfindlich sind gegenüber dem Löffel und der Breikost im Mund, sondern auch an den Händen, den Füßen und am ganzen Körper.

Hinweis für Eltern
Beobachten Sie, ob Ihr Kind bei Berührungen an den Füßen, Händen und am Körper sehr empfindlich reagiert. Lässt es sich gerne anfassen? Lässt es sich gerne an- und ausziehen? Wie verhält es sich beim Baden und anschließendem Abtrocknen? Fasst es gerne verschiedene Materialien an, z.B. Sand und Gras, oder ist es da sehr zurückhaltend?

Durch spielerische Erfahrungen kann die erhöhte Empfindlichkeit an Körper, Händen, Füßen und im Mund langsam reduziert werden und somit letztlich auch die Würgereaktion langsam nach hinten verlagert werden. Dies gelingt nicht sofort, sondern ist ein längerer Prozess. Dabei gilt das Motto: „Weniger ist mehr". Das Vorgehen sollte kleinschrittig und geduldig sein, damit das Kind niemals überfordert wird. Seit der Geburt besteht bei den Kindern eine enge Verbindung von Füßen, Händen und Mund. So kann man beobachten, dass Kinder, die Breikost gerne mit Händen und Füßen anfassen und matschen, auch eher Brei im Mundraum tolerieren.

Hinweis für Eltern
Versuchen Sie ein paar der folgenden Ideen in Ihren alltäglichen Umgang mit Ihrem Kind zu integrieren. Beobachten Sie behutsam, ob sich langsam Veränderungen bei Ihrem Kind zeigen. Wenn Sie Stimulationen am Körper durchführen, achten Sie darauf, dass Ihre Berührungen klar und eindeutig sind, damit Ihr Kind sie auch gut spüren kann. Vorsichtige und uneindeutige Berührungen können als kitzelig und unangenehm empfunden werden.

Spielideen zum Abbau von Überempfindlichkeiten allgemein und im Mundraum

1. Bringen Sie die Hände und die Füße mehrmals zusammen, z.B. beim Wickeln. Singen Sie ein Lied und nehmen dabei die Hände und Füße zum Klatschen. Klatschen Sie auch mit Ihren Händen auf die Hände und Fußsohlen Ihres Kindes.

2. Ermöglichen Sie Ihrem Kind den Körperkontakt mit diversen Materialien, lassen Sie es mit Händen und Füßen verschiedene Oberflächenmaterialien berühren, z.B. weichen und kratzigen Teppich, kalte und warme Fliesen, Gras, Sand, Wolldecken.

3. Nutzen Sie zum Spielen Materialien mit unterschiedlichen Oberflächen, z.B. Massagebälle, „Fadenbälle" oder Spielzeug, das vibrieren kann. Lassen Sie Ihr Kind das Spielzeug zunächst nur kurz anfassen und dann langsam ein bisschen länger.

4. Wenn Sie Ihr Kind baden, trocknen Sie die Füße, Hände und das Gesicht ein bisschen intensiver ab. Nutzen Sie dazu Handtücher mit verschiedenen Oberflächen, wie weiche oder harte Handtücher, warme oder kalte Handtücher. Cremen Sie Ihr Kind nach dem Baden ein.

5. Berühren Sie mit dem Spielzeug beispielsweise einmal kurz (aber klar und eindeutig) die Lippen des Kindes und machen parallel einen Kuss vor. Wenn Ihr Kind dies gut toleriert, können Sie das Spielzeug länger an die Lippen halten.

Hinweis für Eltern
Bauen Sie keinen Druck oder Zwang auf, da dies die Empfindlichkeit nur noch verstärken kann, sondern generieren Sie eine spielerische Atmosphäre, in der Ihr Kind sich wohlfühlt.

Sollte Ihr Kind mit Angst und Ablehnung auf die Stimulationen reagieren und sich keine Verbesserung einstellen, ist eine Vorstellung bei einer Logopädin bzw. einer Ergotherapeutin zu empfehlen.

Vorstufe zum Füttern mit dem Löffel: Füttern mit dem Finger

Es gibt auch Kinder, die bei Löffel und Brei über die ersten Versuche hinaus anhaltend würgen und spucken, aber die oben beschriebenen Empfindlichkeiten von Händen, Füßen oder dem ganzen Körper nicht zeigen, sondern sehr gerne und ausgiebig ihre Hände und Spielzeug explorieren. Bei diesen Kindern kann als Vorstufe zum Füttern mit dem Löffel das Füttern mit dem Finger ausprobiert werden.

Hinweis für Eltern
Führen Sie den Brei auf Ihrem Finger zunächst nur an die Lippen Ihres Kindes. Animieren Sie es, die Lippen aufeinander zu bringen und mit der Zunge abzulecken. Nehmen auch Sie ein bisschen Brei auf Ihre Lippen und bringen Sie Ihre Lippen zusammen und machen kleine „Knallgeräusche" mit Ihren Lippen. Sie können auch „mamamamam" vorsprechen und Ihr Kind ermuntern, dies nachzumachen. Gelingt dies gut, können Sie den Brei mit Ihrem Finger im Mundwinkel abstreifen. So fällt der Brei in die Wangentasche. Vermeiden Sie unbedingt das Abstreifen des Breis an der Oberlippe, denn dort fällt der Brei direkt auf die Zunge und wird wieder aus dem Mund herausgespuckt.
Im nächsten Schritt können Sie den Finger langsam in die Mundmitte führen und warten, dass Ihr Kind den Brei mit der Zunge und seinen Lippen abnimmt.

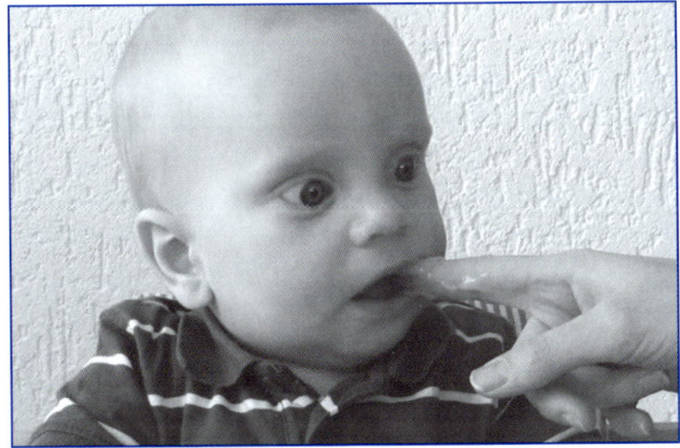

Abb. 19:
Füttern mit dem Finger

Manche Kinder essen ganze Breimahlzeiten zunächst vom Finger der Eltern. Wenn zu beobachten ist, dass dies gut gelingt und weniger Würgen zu sehen ist, kann auch wieder versucht werden, Brei mit dem Löffel anzubieten.

Füttern mit dem Löffel

Das Füttern mit dem Löffel gelingt bei vielen Kindern von Anfang an problemlos. Bei manchen ist es jedoch schwieriger und wird von anhaltendem Würgen und Spucken begleitet. Für diese Kinder sollten ein paar Dinge beachtet werden, die schnell und gut umgesetzt werden können und das Essen vom Löffel erleichtern.

Ein geeigneter Löffel ist aus Plastik oder Metall und die Form schmal und flach. Der Löffel sollte nur zur Hälfte mit Brei gefüllt werden. So wird vermieden, dass eine große Menge Brei auf einmal in den Mund gelangt. Zu viel Brei auf einmal im Mund kann das Kind überfordern, es kann leichter würgen oder das Allermeiste des Breis wieder aus dem Mund herausdrücken. Eine Mahlzeit mit nur halb voll gefüllten Löffeln wird letztlich genauso lange dauern wie mit einem vollen Löffel, da weniger Zeit damit verbracht werden muss, den Brei, der aus dem Mund wieder herausgedrückt wird, aufzufangen, den Mund abzuwischen und ihm erneut anzubieten.

Abb. 20:
Erste Versuche selbstständig mit dem Löffel zu essen

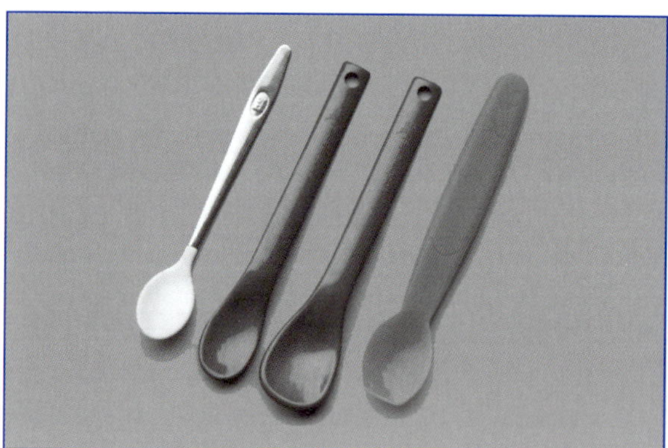

Abb. 21:
Großer Löffel, kleiner Löffel, Löffel mit Hülle aus Kunststoff, flexibler Löffel (von links nach rechts)

Hinweis für Eltern

Warten Sie darauf, dass Ihr Kind seinen Mund selbstständig öffnet. Führen Sie dann den halb voll gefüllten Löffel in den Mund Ihres Kindes ein. Lassen Sie den Löffel kurz auf der Zunge ruhen und ziehen Sie ihn dann langsam und ganz gerade wieder aus dem Mund heraus. So hat Ihr Kind Gelegenheit, mit seiner Oberlippe den Brei vom Löffel abzunehmen.

Vermeiden Sie unbedingt das schnelle Abstreifen an der Oberlippe, da das Kind durch das plötzliche Fallen des Breis auf die Zunge überrascht werden kann und der Brei höchstwahrscheinlich wieder ausgespuckt wird.

Eine Vorstellung bei einer auf Kinder spezialisierten Dysphagietherapeutin (Logopädin oder Sprachtherapeutin) ist ratsam, wenn das Würgen und/oder Erbrechen anhält und das Füttern eine große Belastung für die Familie darstellt.

Oft gestellte Fragen zum Essen

Dürfen Kinder mit dem Essen matschen?

Für Kinder ist das Anfassen und Explorieren von Lebensmitteln ein wichtiger Teil ihrer Ernährungsentwicklung. Wenn sie ihre ersten Erfahrungen damit machen, selbstständig mit dem Löffel zu essen, ist dies oft eine schmutzige und schmierige Angelegenheit. Nur ein geringer Teil des Breis gelangt tatsächlich in den Mund. Anfangs führen die Kinder den Löffel „falsch" herum in den Mund und lecken die untere Seite des Löffels ab, dabei geht noch viel verloren.

Legen Sie deshalb eine Plastikmatte unter den Stuhl, ziehen Sie Ihrem Kind ein langärmeliges Lätzchen an und lassen Sie es ausprobieren. Matschen ist erlaubt und gehört dazu, wenn Kinder ihre eigenen Fähigkeiten zur Nahrungsaufnahme entdecken.

Ab wann dürfen Kinder die Familienkost zu sich nehmen?

Manche Kinder sind schlechte Breiesser, zeigen aber schnell Interesse an der Familienkost, die Eltern und/oder ältere Geschwister essen. Ab einem Alter von sieben bis acht Monaten können Kinder bereits halbfeste Familienkost, wie z.B. gekochte Kartoffeln oder püriertes Gemüse, essen. Ein langer Zeitraum, in dem

Kinder ausschließlich Brei essen, ist deshalb nicht unbedingt notwendig. Zwischen dem Beginn der Breikost und dem Übergang zur Familienkost können nur wenige Wochen bis Monate liegen.

Husten, Verschlucken und Probleme beim Transport der Nahrung

Manche Kinder zeigen Schwierigkeiten beim Transport des Breis von den Lippen hin zum Rachen, um den Brei zu schlucken. Er läuft immer wieder vorne aus dem Mund heraus und das Kind hat offensichtlich Schwierigkeiten damit, ihn im Mund nach hinten zu transportieren. Zum Teil findet man dies bei Kindern mit Bewegungsstörungen. Es ist auch möglich, dass es regelmäßig zum Husten und Verschlucken bei Breikost kommt. Jedes Kind verschluckt sich hin und wieder, aber wenn dies regelmäßig auftritt, sollte dies professionell abgeklärt werden.

Hinweis für Eltern
Sollte Ihr Kind Schwierigkeiten haben, Breikost im Mund zu transportieren und/oder häufig bei Breikost husten und sich verschlucken, ist eine Vorstellung bei einer spezialisierten Dysphagietherapeutin zu empfehlen. Hier sollten eine klinische und eine apparative Diagnostik des Schluckens erfolgen, um eine Gefährdung durch häufiges Verschlucken (Aspirationsgefahr!) ausschließen zu können.

Breikost mit Stückchen
Breikost mit Stückchen ist eine Mischkonsistenz, die Kinder normalerweise ca. ab dem siebten bis achten Monat essen können. Viele Kinder würgen zunächst bei den Stückchen, gewöhnen sich aber schnell an sie. Manche Kinder gewöhnen sich jedoch nicht an diese Mischkonsistenz.
Selbst manche Erwachsene haben noch Schwierigkeiten beim Essen von Mischkonsistenzen und mögen z.B. keinen Joghurt mit Stücken.
Es besteht keine Notwendigkeit, dass Kinder Breikost mit Stückchen essen. Sie ist kein notwendiger Zwischenschritt in der Ernährungsentwicklung. Kinder können fein pürierten Brei essen und dann direkt zu halbfester Familienkost übergehen.

Auch Kinder dürfen ihre Vorlieben und Abneigungen haben, was die Konsistenz der Nahrung angeht. Timo, 2 Jahre alt, sagt z.B. zu dem besonders guten, frisch gepressten Orangensaft: „Den will ich nicht. Da sind Flusen drin."

Übergang zu fester Kost – das Kauen

Anders als der erste Löffel Brei, der häufig ein einschneidendes Ereignis darstellt, verläuft der Übergang zu fester Kost meist allmählich und eher nebenbei. Kinder zeigen schon mit sieben bis acht Monaten Interesse am Essen ihrer Eltern. Sie erhalten von ihnen Babykekse oder Brötchen, die sie im Kinderwagen sitzend explorieren, einspeicheln und zum Teil auch essen, oder sie probieren vom Essen ihrer Eltern am Tisch kleine Häppchen.

Es kann jedoch auch erhebliche Schwierigkeiten beim Übergang zu fester Kost geben. Manche Kinder hatten zuvor schon Schwierigkeiten mit der Breikost, andere haben Breikost problemlos gegessen.

Es kann zu folgenden Schwierigkeiten kommen:

- Würgen, Erbrechen und Nahrungsverweigerung
- „Bunkern" von fester Nahrung
- Husten, Verschlucken, Probleme beim Nahrungstransport und Nahrungsverlust

Würgen, Erbrechen und Nahrungsverweigerung

Beim Übergang zur festen Kost müssen Kinder sich langsam an die feste Nahrung gewöhnen, die im Mund gekaut und eingespeichelt werden muss, bevor sie runtergeschluckt wird. Versuchen die Kinder die festen Nahrungsmittel direkt zu schlucken, ohne sie zu zerkleinern, können sie schnell würgen oder sich sogar daran verschlucken. Nach einigen Versuchen wird dies weniger häufig vorkommen. Manchen Kindern gelingt dies jedoch nicht. Sie würgen ausgeprägt und erbrechen sich. Passiert ihnen dies häufiger, können sie schnell die feste Kost ganz verweigern.

Hinweis für Eltern
Wählen Sie Nahrungsmittel, die im Mund schnell weich werden, wie z.B. Babykekse oder Reiswaffeln. Animieren Sie Ihr Kind zu kauen, indem Sie mit offenem Mund große Kaubewegungen vormachen. Neben Babykeksen sind auch halbfeste Konsistenzen wie gekochte Kartoffeln oder Bananen für erste Kauversuche geeignet. Geben Sie Ihrem Kind ein kleines Stück davon direkt in die Wangentasche und regen Sie es an, zu kauen. Vermeiden Sie es, das Stück direkt auf die Zunge in die Mundmitte zu geben. Die Zunge ist sehr empfindlich und Ihr Kind wird versuchen, das Stück ohne zu kauen direkt zu schlucken und sich daran verschlucken oder aber das Stück direkt wieder ausspucken.
Beobachten Sie, ob Ihr Kind noch eine vorgelagerte Würgereaktion hat oder aber große Empfindlichkeit am Körper, im Gesicht und an den Händen und Füßen zeigt. Falls ja, probieren Sie die beschriebenen Spielideen zum Abbau von Überempfindlichkeiten im Mundraum aus.

Eine Vorstellung in der pädiatrischen Gastroenterologie sowie bei einer Dysphagietherapeutin sollte stattfinden, wenn es zu anhaltendem Würgen, Erbrechen und Verweigern von fester Kost kommt. In der Gastroenterologie können mögliche medizinische Ursachen, wie beispielsweise eine Ösophagusstenose (Verengung der Speiseröhre) oder Nahrungsmittelunverträglichkeiten abgeklärt werden. Eventuell kann eine Schluckdiagnostik eine mögliche Schluckstörung abklären.

Obwohl die meisten Kinder bereits ab dem siebten bis achten Monat halbfeste und dann feste Kost essen, gibt es Kinder, die – ohne medizinische Ursache oder sonstige Auffälligkeiten – den Übergang erst nach dem ersten Geburtstag schaffen. Dies ist selten, aber durchaus möglich und deshalb nicht besorgniserregend. Zur Beratung und Abklärung ist eine Vorstellung bei Gastroenterologen und Dysphagietherapeutinnen zu empfehlen.

„Bunkern" von fester Nahrung

Wenn Kinder feste Kost „bunkern", stecken sie die Nahrung zwischen ihre Kauleisten und Wangentaschen oder zwischen die vordere Kauleiste und die Unterlippe. Meist machen sie das, weil die feste Konsistenz noch zu schwierig für sie ist. Zum einen kann der Mundraum noch überempfindlich sein und die feste Kost nicht gut toleriert werden, zum anderen ist es möglich, dass das Kauen noch nicht gut genug gelingt und die feste Kost deshalb lieber in die Wangentasche gesteckt wird.

Auch bei Kindern, die keine Probleme mit dem Kauen haben, ist dies zum Teil noch zu beobachten. Während sie halbfeste und feste Kost, wie z.B. Gemüse und Nudeln, gut kauen und schlucken, können sie etwas zähere Kost, wie z.B. Fleisch oder die Haut von Mandarinen, in den Wangentaschen bunkern.

Hinweis für Eltern
Wählen Sie für den Übergang zum Kauen zunächst halbfeste Kost, z.B. ganz weich gekochte Kartoffeln, die gut mit der Zunge am Gaumen zerdrückt werden können, und beobachten Sie, ob dies einen Unterschied macht. Animieren Sie Ihr Kind, die Nahrung zu kauen, indem Sie Kaubewegungen vormachen. Fassen Sie die Wangentasche Ihres Kindes an und ermutigen Sie es, das Essen mit der Zunge dort wieder herauszuholen.

Liegt eine orale oder ganzkörperliche Hypersensibilität vor, können Anregungen aus den Kapiteln „Orale Hypersensibilität" und „Ganzkörperliche Hypersensibilität" ausprobiert werden. Bleibt das „Bunkern" von fester Kost über einen längeren Zeitraum bestehen, ist eine Vorstellung bei einer Dysphagiespezialistin zu empfehlen.

Husten, Verschlucken, Probleme beim Nahrungstransport und Nahrungsverlust

Das Kauen entwickelt sich langsam und wird mit zunehmender Erfahrung differenzierter. Anfangs kann es noch zu Nahrungsverlusten beim Kauen kommen, auch Husten und Verschlucken sind möglich. Manche Kinder haben anfangs Schwierigkeiten, die Nahrung ausreichend klein zu kauen und so zu schlucken, dass keine Nahrungsreste in den Wangentaschen bleiben. Dies sollte jedoch mit zunehmender Erfahrung besser werden.

Hinweis für Eltern
Hustet und verschluckt sich Ihr Kind regelmäßig bei fester Kost und hat es anhaltend Probleme damit, die Nahrung im Mund zu zerkleinern und nach hinten zu transportieren, ist eine professionelle Abklärung zu empfehlen.

- In der neuropädiatrischen Untersuchung wird der psychomotorische Entwicklungsstand untersucht.
- Die logopädisch-phoniatrische Untersuchung kann durch eine klinische und apparative Diagnostik eine mögliche Schluckstörung untersuchen.

Nicht alle Kinder müssen mit einem Jahr feste Kost kauen. Die Fähigkeit zu kauen steht in enger Abhängigkeit zum psychomotorischen Entwicklungsstand. Wenn Ihr Kind eine motorische oder psychomotorische Entwicklungsverzögerung hat, sind die Entwicklungsschritte in der Ernährungsentwicklung entsprechend zu bewerten. Ein Kind, das sich noch nicht drehen oder abstützen kann, braucht auch noch keine feste Kost zu kauen.

Hinweis für Eltern

Selbstständigkeitsentwicklung und gemeinsame Mahlzeiten

In den Monaten vor dem ersten Geburtstag werden die Kinder immer selbstständiger. Sie möchten den überwiegenden Teil der Mahlzeiten alleine essen. Manche Eltern sind sehr besorgt, dass ihr Kind auch genug isst, und möchten es daher gerne füttern, um sicherzugehen und zu überprüfen, wie viel ihr Kind gegessen hat. Viele Kinder möchten aber nicht mehr gefüttert werden, sondern lieber die gleiche Familienkost essen wie die Eltern.

Lassen Sie Ihr Kind selbstständig werden. Setzen Sie sich alle gemeinsam an den Tisch und geben Sie Ihrem Kind einen eigenen Teller, auf den Sie kleine Mengen Ihrer Kost legen, die es selbstständig mit den Fingern essen darf. Oft eignen sich hier „Fingerfoods", beispielsweise gekochte Gemüsestreifen, Nudeln oder Brotstückchen. Manche Kinder lassen sich zwischendurch auch noch mit dem Löffel füttern, wenn sie ansonsten selbstständig an der Mahlzeit beteiligt sind.

Professionelle Hilfe

Wie bereits in den vorangegangenen Kapiteln an verschieden Stellen erwähnt wurde, stehen den Eltern diverse Handlungs- und Beratungsmöglichkeiten zur Verfügung.
Das folgende Kapitel gibt Empfehlungen zur Diagnostik und stellt Methoden und Konzepte vor, nach denen Ihr Kind behandelt werden kann.

Klinische Diagnostik

- Eine **klinische Diagnostik** stellt fest, ob ein Kind unter einer kindlichen Dysphagie leidet, ob es sicher oral ernährt werden kann und ob eine weiterführende apparative Diagnostik erfolgen sollte.
- Unter **apparativer Diagnostik** versteht man Verfahren, die unter Einsatz bestimmter Untersuchungstechniken eine Dysphagie bestätigen oder ausschließen. Sie beurteilt, ob eine Gefährdung des Kindes durch Verschlucken und damit verbunden eine Gefährdung der tieferen Atemwege durch Nahrung und/oder Speichel vorliegt.

Apparative Verfahren

Prinzipiell stehen mit der Videofluoroskopie und der fiberoptisch-endoskopischen Schluckdiagnostik zwei Untersuchungsverfahren zur Verfügung, die auch im Kindes- und Jugendalter genutzt werden können. In der Anwendung der Verfahren ergeben sich jedoch Einschränkungen. Der Einsatz der Videofluoroskopie wird durch das Bestreben eingeschränkt, die Strahlenbelastung bei Kindern möglichst zu vermeiden bzw. so gering wie möglich zu halten. Die fiberoptisch-endoskopische Schluckdiagnostik erfordert eine gewisse Kooperationsbereitschaft der Kinder und ist insofern insbesondere bei kleineren Kindern nur erschwert durchführbar.

- **Videofluoroskopie**

Bei der Videofluoroskopie handelt es sich um eine Röntgenuntersuchung, die vom Radiologen mit dem Ziel durchgeführt wird, den Schluckakt zu beurteilen. Das Kind sitzt während der Untersuchungseinheit in seiner typischen Essenshaltung seitlich vor dem Durchleuchtungsgerät und schluckt einen Bolus (Nahrung). Die Untersuchung erfolgt an diesem Gerät mit Bildverstärker-Fernsehkette. Damit wird es möglich, die Untersuchungssequenz sofort zu beurteilen und somit den Untersuchungsvorgang individuell an das Kind anzupassen. Dabei müssen sowohl die bei der Untersuchung eingenommene Körperhaltung als auch Größe und Konsistenz der Nahrung an das Beschwerdebild des Kindes angepasst werden, um z.B. ein Verschlucken von Nahrung und damit eine Gefährdung der Atemwege zu vermeiden.

- **Endoskopische Schluckuntersuchung**

Die Videoendoskopie dient der Untersuchung des Rachens und des Kehlkopfes. Dazu wird ein Endoskop durch die Nase über den Nasen- und Mundrachen eingeführt. Das Endoskop besteht aus einem flexiblen Schlauch, der aus vielen Tausend Licht leitenden Glasfaserbündeln aufgebaut ist, die eine direkte Betrachtung der Strukturen des Rachens und Kehlkopfes ermöglichen. Damit kann der Untersucher den Umgang mit Speichel, Sekret und Nahrung beurteilen.

Klinische Befunderhebung

Die klinische Befunderhebung dient der Erkennung von Schluckstörungen und der daraus resultierenden Planung der Behandlung. Ziel dieser Diagnostik ist es, die ausreichende Ernährung des Kindes sicherzustellen. Dazu müssen verschiedene Bereiche genauer betrachtet werden:

- die Essensituation im häuslichen Umfeld
- die Essensituation in der betreuenden Einrichtung
- die Beurteilung der oralmotorischen und oralsensorischen Fähigkeiten und Beeinträchtigungen des Kindes
- die Grenzen des Kindes bei der Tolerierung von Nahrung

Ein wesentlicher Teil der Befunderhebung ist die **Anamnese**. Dabei geht es um das Sammeln von Informationen über die Familie, die Entwicklung des Kindes und natürlich zum Essen.

So werden Eltern bei der Anamnese gezielt befragt nach der Dauer der einzelnen Mahlzeiten, nach dem Verhalten des Kindes während der Mahlzeiten, nach den Nahrungsgewohnheiten oder auch wie und wo ein Kind isst.

Anschließend wird das Kind durch die Therapeutin untersucht.
Dabei werden Informationen u.a. zu folgenden Bereichen erhoben:

Vorbereitung:	■ Wie sitzt das Kind?
	■ Welche Hilfsmittel werden eingesetzt?
Nahrungsaufnahme:	■ Schließt das Kind den Mund?
	■ Ist die Zunge aktiv?
	■ Wie kaut/trinkt das Kind?
	■ Tritt Nahrung zum Mund oder zur Nase wieder aus?
	■ Speichelt das Kind?
	■ Schluckt das Kind? Wann schluckt das Kind?
	■ Schluckgeräusche?
Verhalten:	■ Wird das Kind schnell müde?
	■ Weint das Kind beim Essen/Füttern?
	■ Überstreckt sich das Kind beim Essen/Füttern?
	■ Verweigert das Kind die Nahrung?
	■ Muss das Kind beim Essen/Füttern abgelenkt werden?
Auffälligkeiten:	■ Verändert sich die Atmung?
	■ Verändert sich die Stimme?
	■ Hustet das Kind?
	■ Würgt das Kind?

Im Rahmen der Befunderhebung ist es auch wichtig, ein intensives Gespräch mit den Eltern darüber zu führen, wie sie die Situation empfinden. Inhalte können z.B. Fragen nach den Sorgen um das Gedeihen des Kindes oder die Belastung der Eltern durch die Schluckstörungen des Kindes sein.

Um die klinische Schluckdiagnostik durchführen zu können, stehen den behandelnden Therapeutinnen diverse Untersuchungsbögen zur Verfügung, die speziell auf das Alter des Kindes und seine Auffälligkeiten abgestimmt sind.

Stellt sich nach eingehender Beobachtung des Kindes und erfolgter Diagnostik eine kindliche Dysphagie oder eine Fütterstörung heraus, dann ist eine Beratung oder Therapie sinnvoll. Diese kann ambulant oder stationär erfolgen. Erfahrene Therapeutinnen bedienen sich hier einer Auswahl erprobter Konzepte. Im Folgenden werden einige ausgewählte Therapiekonzepte vorgestellt, die Eltern und Angehörigen von betroffenen Kindern helfen sollen, sich im „Begriffsdschungel" der Therapieangebote etwas besser zurechtzufinden. Für Kinder, die trotz scheinbar unauffälliger Entwicklung trotzdem Probleme in der Nahrungsaufnahme zeigen, sei an dieser Stelle auf das Kapitel „Abweichungen von der physiologischen Saug-, Schluck- und Kauentwicklung" verwiesen.

Therapeutische Konzepte

Orofaziale Regulationstherapie nach Castillo Morales®

Der Rehabilitationsarzt Rodolfo Castillo Morales leitete in Cordoba/Argentinien ein Rehabilitationszentrum für Kinder und Erwachsene. Aus der Beobachtung der Lebensgewohnheiten der lateinamerikanischen Ureinwohner, insbesondere aus ihrem Umgang mit Säuglingen und Kleinkindern, bezog er seine Erkenntnisse und erstellte sein auf sensomotorische und orofaziale Schwerpunkte ausgerichtetes Konzept (vgl. Castillo Morales, 1998), nämlich die:

Neuromotorische Entwicklungstherapie
Orofaziale Regulationstherapie (ORT)

Er entwickelte das Konzept Mitte der sechziger/siebziger Jahre des letzten Jahrhunderts aus den damals bestehenden Vorstellungen zur Entwicklungsneurologie (vgl. Türk, Söhlemann & Rummel, 2012) sowie auf der Basis der Lehren V. Vojtas und des Ehepaars Bobath. Die orofaziale Regulationstherapie wird seit Langem im Bereich der kindlichen Dysphagien angewendet und intensiv eingesetzt.

Castillo Morales geht davon aus, dass der größte Entwicklungsschub in der Mundregion im ersten Lebensjahr eines Kindes erfolgt. Dieser Zeitraum entspricht der Frühphase der Hirnreifung. Deshalb sollte bei Kindern so früh wie möglich mit der Therapie begonnen werden. Grundlage der Therapie bilden verschiedene manuelle Techniken wie Berührung, Streichen, Druck, Zug und Vibration. Das Ziel besteht in der Förderung der Sensibilität und der Verbesserung der Muskelaktivität im Mund- und Gesichtsbereich. Dabei wird zuerst der äußere Mund- und Gesichtsbereich stimuliert. Erst wenn in diesem Bereich die Sensibilität weitestgehend normalisiert ist, wird der intraorale Bereich in die Therapie einbezogen.

Castillo Morales bezieht vor allem bei den mundmotorischen Störungen von Kindern mit Down-Syndrom zusätzlich Gaumenplatten in die Therapie mit ein, die mit speziellen, individuell ausgewählten Stimulationspunkten bestimmte Bewegungen der Zunge fördern können.

Mund- und Esstherapie bei Kindern nach Morris und Klein

Beide Autorinnen arbeiten mit ess- und bewegungsgestörten Kindern und Jugendlichen. Ihr 2001 veröffentlichtes Konzept zum therapeutischen Vorgehen eignet sich zur Behandlung von Kindern mit Schluckstörungen verschiedener Altersklassen. Sie formulieren darin grundlegende Prinzipien für die Behandlung von Essstörungen (kindlichen Dysphagien). Diese Prinzipien bauen logisch aufeinander auf und dienen der Planung der Behandlung. Aus den Prinzipien ergeben sich Kriterien für kurzfristige Behandlungsziele und für die Auswahl geeigneter Ansätze.

Behandlungsprinzipien nach Morris und Klein:

- **Veränderung der Lern- und Kommunikationssituation** – Wird die Fähigkeit des Kindes zu lernen und zu kommunizieren beeinflusst, verbessern sich oft seine motorischen und sensorischen Voraussetzungen.
- **Veränderung von Haltung und Bewegung** – Veränderungen beim Essen sind durch Veränderungen der Körperhaltung und Bewegung zu erzielen. Man beobachtet die Bewegungsfähigkeit und nimmt Veränderungen vor. So würde man z.B. zuerst den Hals, die Schultern und den Kiefer behandeln, bevor man direkt auf Lippen oder Zunge eingeht.
- **Abbau von einschränkenden Reaktionen gegenüber sensorischem Input** – Bestehende Probleme wie Hypersensibilität, Hyperreaktionen, Hyposensibilität, sensorische Abwehr usw. müssen abgebaut werden, um innere sensomotorische Gegebenheiten zu schaffen, von denen das Kind lernen kann. Deshalb werden z.B. zuerst Techniken angewendet, die dem Kind helfen, Geschmacks- und Temperaturempfindungen zu tolerieren und zu integrieren, bevor direkt neue orale Muster angebahnt werden.
- **Hemmung einschränkender Reflexe** – Einschränkende Tonus- und Bewegungsmuster im oralen Bereich verhindern die Entwicklung normaler früh-

kindlicher Essmuster. Da sie die Gesamtfunktion beeinträchtigen, müssen diese einschränkenden oralen Reflexe auf den Essablauf gehemmt werden.

- **Anbahnen normaler früher Bewegungsmuster** – Zuerst müssen einschränkende Bewegungsmuster gehemmt werden. Danach müssen neue sensomotorische Abläufe stimuliert oder angeregt werden, die zur normalen Entwicklung gehören.
- **Förderung komplexer Funktionen** – Zuerst werden frühe orale Bewegungsmuster beim Kind identifiziert. Darauf baut man nach und nach komplexere Bewegungsmuster des Saugens, Schluckens, Beißens und Kauens auf, indem man primitivere Muster wie zum Beispiel das Vor-zurück-Saugmuster akzeptiert. Sobald eine grundlegende Kompetenz erreicht ist, können komplexere Funktionen erarbeitet werden (vgl. Morris & Klein, 2000).

Behandlungsbeispiel

Zungenvorstoß:

- Sitzhaltung normalisieren
- Regulation der Körperspannung
- Förderung der seitlichen Zungenbewegung
- Förderung der Zungenbeweglichkeit
- Kieferkontrolle / Förderung der Zungenruhelage
- Saugen (Förderung der normalen Vor-zurück-Saugbewegung)
- Löffel flach nach unten in Mund führen, leicht vibrieren, Löffel langsam entfernen

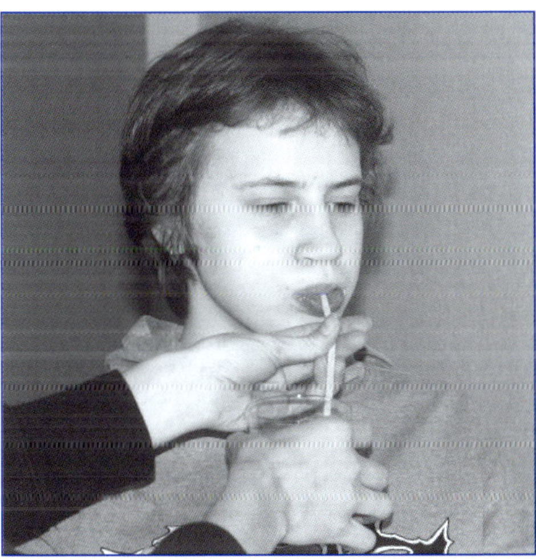

Abb. 22: Eine junge Patientin, die sowohl einen Zungenvorstoß als auch eine Schwäche des Mundschlusses zeigt. Das Beispiel demonstriert, wie mit einer Übung mehrere Bereiche trainiert werden können.

Therapie von Kau-, Trink- und Schluckstörungen im Säuglings- und Kindesalter nach Pörnbacher

Traudl Pörnbacher ist Diplom-Logopädin und Bobath-Therapeutin und leitet das Pörnbacher Lehrinstitut in München. Sie entwickelte ein Konzept, das orofaziale, sinnesphysiologische und physiotherapeutische Bewegungsaktivitäten gesamtpersonenbezogen und zeitgleich verknüpft.
Nach Pörnbacher wird das orofaziale Behandlungskonzept integrativ aus der Bauchlage heraus gelenkt. Dahinter steht die Annahme, dass über die Zunahme der Nacken-Kiefer-Stellreaktion unter Nackendehnung automatisch die mundnahe Bewegungseinleitung gebahnt wird. In der Therapie wird die Füttersituation meist aus der seitlich leicht aufgedrehten Bauchlage heraus eingeleitet. Ziel ist das Aktivieren der orofazialen Reaktionen.
Das Konzept basiert auf der Arbeit mit spezifisch-aktivierend wirksamen Lagerungselementen, z.B. der Keillagerung mit Abduktionsschienung. Ziel ist hier die Verlagerung des Körperschwerpunktes entlang der Brustwirbelsäule nach unten mit folgender Kopf- und Brustaufrichtung. Neben der Aktivierung der Aufrichtung wird die Körpersymmetrieorganisation gefördert, was vor allem für Patienten mit infantiler Zerebralparese eine optimale Voraussetzung für die Entwicklung zu sein scheint (http://pörnbacherkonzept.de) (Fröhlich, 1999).

Das Essen nach Müller

Helen Müller, eine Schweizer Logopädin, gilt als eine der Vorreiterinnen der Förderung des Essens und der Dysphagietherapie (vgl. Damag, 2007). In ihrem Konzept vergleicht sie die Entwicklung der Nahrungsaufnahme eines gesunden Kindes mit der eines zerebralparetischen Kindes. Sie beschreibt Haltungsmöglichkeiten beim Füttern, Möglichkeiten der Mund- und Kieferkontrolle, das Trinken aus der Flasche sowie das Füttern mit dem Löffel bei einem zerebralparetischen Kind. Beispielsweise kann man das Kind mit dem Löffel explorieren lassen oder ihm verschiedene Löffelformen anbieten. Sie zeigt auch „erste Schritte" in Richtung selbstständigen Essens auf und macht Vorschläge, wie das Kind z.B durch eine stabile Körperposition oder eine ruhige Umgebung unterstützt werden kann.
Dem Kind sollte die Gelegenheit gegeben werden, das Essen mit allen Sinnen erfahren zu dürfen. Wenn sich Kinder nicht mehr füttern lassen wollen, eignet sich z.B. „Fingerfood" (vgl. „Selbstständigkeitsentwicklung und gemeinsame Mahlzeiten").

Basale Stimulation

Basale Stimulation ist ein Förderkonzept für Kinder mit schwersten Behinderungen oder Erkrankungen (Fröhlich, 1999). Dabei bedeutet basal so viel wie ‚in Kontakt treten, zurückgreifen auf die Basis' und Stimulation wird verbunden mit ‚Anregung oder Ermunterung mit anderen in Kontakt zu treten'. Die basale Stimulation ist eines der ältesten Förderkonzepte, das sich mit der Problematik des Essens, Trinkens und Schluckens auseinandersetzt. Sie umfasst unter anderem:

- Sensibilisierung oder Desensibilisierung des Mundbereiches, z.B. durch therapeutisches Zähneputzen
- Angebote zum Schmecken
- Angebote von Geschmacks- und Geruchsreizen bei Sondenernährung, z.B. mittels Stieltupfer Nahrung auf die Lippe tupfen

Mein Kind gedeiht nicht, was nun? Problematik der Sondierung

Ist eine ausreichende orale Nahrungsaufnahme nicht möglich, dann bietet die Ernährung über eine Sonde einen wichtigen und lebenserhaltenden Eingriff. Sondenernährung ist dann nötig, wenn Kinder Nahrung komplett verweigern, aspirieren oder wenn eine Gedeihstörung als Symptomatik vorliegt. Für Eltern ist die Sondierung ihres Kindes fast immer ein einschneidendes Erlebnis. In dieser Situation ist eine einfühlsame und gute Beratung der Betroffenen unabdingbar.

Formen der Sondierung bei Säuglingen und Kindern

- **Ernährung über die Magensonde (nasogastrale Sonden)**

Die Magensonde ist angeraten, wenn eine ausreichende orale Nahrungsaufnahme nicht möglich ist. Diese Art der Sonde sollte immer nur eine kurzfristige Lösung zur Behandlung akuter Situationen sein. Die Magensonde wird durch Mund oder Nase entlang des natürlichen oberen Verdauungsweges, also durch Rachen und Speiseröhre, zum Magen vorgeschoben.

- **Ernährung über eine PEG-Sonde**

Eine PEG (Perkutane endoskopische Gastrostomie = Ernährungssonde) ist ein endoskopisch angelegter künstlicher Zugang von außen zum Magen. Im Gegensatz zur Magensonde verläuft die PEG-Sonde auf dem kürzesten, nicht natürlich vorgegebenen Weg durch die Haut, die Bauch- und die Magenwand in den Magen. Der Vorteil der PEG besteht darin, dass die Kinder keinen Schlauch mehr durch die Nase liegen haben. Damit erreicht man eine deutlich verbesserte Situation für den Aufbau der oralen Nahrungsaufnahme, da kein Fremdkörper den Schluckakt beeinträchtigt. Viele Eltern lehnen den Gedanken an eine PEG dennoch ab, z.T. aus Angst, dass ihr Kind jetzt „gar nicht mehr isst", oder aus Angst vor dem Legen der Sonde, was mit einem kleinen operativen Eingriff verbunden ist. Das Legen einer PEG bedeutet nicht den Verzicht auf orale Ernährung. Im Gegenteil, es nimmt der Familie und dem therapeutischen Team den Erfolgsdruck. Die betroffenen Kinder können in der Therapie Schritt für Schritt an eine für sie optimale Ernährung herangeführt werden.

Tipps zum Abschluss

- Essen macht Spaß und gute Laune.
- Essen Sie gemeinsam mit Ihrem Kind.
- Vermitteln Sie, dass Essen ein Genuss ist.
- Lassen Sie Ihr Kind ausprobieren.
- Essen mit den Fingern macht Spaß.
- Helfen Sie, anstatt zu schimpfen.
- Manchmal ist es hilfreich zu schauen, dass Ihr Kind isst und nicht, wie es isst.

Wenn Sie sich unsicher fühlen, wenden Sie sich an Ihren Kinderarzt, ein sozialpädiatrisches Zentrum oder an eine Logopädin/Sprachtherapeutin in Ihrer Nähe.

Wir hoffen, unser Ratgeber konnte Ihnen mit „Rat" zur Seite stehen.

Tipps und Adressen

Literatur:

- Arvedson, J.C.; Brodsky, L. (2001). Pediatric Swallowing and Feeding: Assessment and Management. Singular Publishing: San Diego.
- Aswathanarayana, C.; Wilken, M.; Krahl, A.; Golla, G. (2010). Diagnostik und Therapie von Schluck- und Fütterstörungen bei Säuglingen und Kleinkindern: Eine interdisziplinäre Aufgabe. Sprache – Stimme – Gehör, 34, (1), 12-17.
- Biber, D. (2012). Frühkindliche Dysphagien und Trinkschwächen. Springer: Wien.
- Boenninghaus, H.-G.; Lenarz, Th. (2001): HNO. Springer: Berlin-Heidelberg.
- BZGA (2011). http://www.bzga-essstoerungen. de/fuetterstoerungen/haetten_sies_gewusst.html (19.07.2011).
- Castillo Morales, R. (1998). Die orofaziale Regulationstherapie. Pflaum Verlag: München.
- Damag, A. (2007). Möglichkeiten der (heil-)pädagogischen Förderung des Essens, Trinkens und Schluckens von Menschen mit schweren neurologischen Erkrankungen im Koma und in den frühen Komaremissionsphasen. Peter Lang: Frankfurt am Main.
- Fröhlich, A. (1999). Basale Stimulation: Das Konzept. Bundesverband für Körper- und Mehrfachbehinderte: Düsseldorf.
- Geißler, M.; Winkler, S. (2010). Dysphagie – Ein einführendes Lehrbuch. Schulz-Kirchner: Idstein.
- Kittel, A. (2011). Myofunktionelle Therapie. Schulz-Kirchner Verlag: Idstein.
- Koletzko, B. (2011). Medizinreport Pädiatrie / Familienmedizin: Konsens über Säuglingsernährung. Deutsches Ärzteblatt, 108 (1-2), 38-39.
- Lefton-Greif, M.A; Arvedson, J.C. (2007). Pediatric feeding and swallowing disorders: state of health, population trends and application of international classification of functioning, disability and health. Semin Speech Lang, 28 (3), 161-5.
- Morris, S.E; Klein, M. D. (2000). Pre-Feeding Skills: A Comprehensive Resource for Mealtime Development. Therapy Skill Builders: San Antonio.
- Morris, S.E., Klein, M.D. (2001). Mund- und Esstherapie bei Kindern. Entwicklung, Störung und Behandlung orofazialer Fähigkeiten. Urban & Fischer: München.
- Türk, S.; Söhlemann, S.; Rummel, H. (2012). Das Castillo Morales-Konzept. Thieme: Stuttgart.

- van den Engel-Hoek, L. (2008). Fütterstörungen: Ein Ratgeber für Ess- und Trinkprobleme bei Kleinkindern. Schulz-Kirchner: Idstein (wird zurzeit überarbeitet).

Internetadressen:

- www.kindergesundheit-info.de

Es handelt sich um ein Online-Portal der Bundeszentrale für gesundheitliche Aufklärung (BZgA) zur Förderung der Gesundheit und Entwicklung von Kindern.

- http://www.lalecheliga.de

Es handelt sich um eine gemeinnützige Organisation zur Stillberatung.

- http://www.lebenshilfe.de/

Ein Portal zur Lebenshilfe für Menschen mit geistiger Behinderung.

Therapeuten-Verbände, die Spezialisten vermitteln können:

Deutscher Bundesverband für Logopädie e.V. (dbl)
Augustinusstraße 11a, 50226 Frechen
Tel.: 02234/379530
www.dbl-ev.de

Deutscher Bundesverband der akademischen Sprachtherapeuten (dbs) e.V.
Goethestraße 16, 47441 Moers
Tel.: 02841/9981910
www.dbs-ev.de

Hilfsmittel:

Becher:

- Becher mit Nasenausschnitt sind in der Apotheke bzw. im Internet erhältlich.
- Becher mit weitem Rand gibt es z.B. von „Tupperware®".

Flaschen:

- Flaschen mit Strohhalm gibt es im Drogeriemarkt.
- Verschiedene Ausführungen von Flaschen und Saugern bieten Babyfachhandel, Drogerien oder Apotheken.
- Der Special Need Sauger von Medela ist über Apotheken oder über das Internet zu beziehen.
- Der Soft Cup von Medela für das Cupfeeding ist in Apotheken erhältlich.

Hilfen für das Saugtraining:

- Den Fingerfeeder von Medela erhält man in Apotheken.

Löffel:

- Fütterlernlöffel erhält man in Apotheken, im Drogeriemarkt oder im Babyfachgeschäft.
- Flexible Löffel von verschiedenen Herstellern bekommt man im Babyfachgeschäft.

Zahnbürsten:

- Fingerzahnbürsten erhält man in Apotheken und in gut sortierten Drogerien.
- Putzlernstift und Putztrainer gibt es im Drogeriemarkt oder Babyfachgeschäft.